Matthias Godehardt

Tabakprävention in Deutschland – was hilft wirklich?

University of Applied Sciences
APOLLON
University Press

Matthias Godehardt

Tabakprävention in Deutschland – was hilft wirklich?

APOLLON SCHRIFTENREIHE ZUR GESUNDHEITSWIRTSCHAFT

University of Applied Sciences
APOLLON
University Press

APOLLON SCHRIFTENREIHE ZUR GESUNDHEITSWIRTSCHAFT ▪ BAND 11

1. Auflage 2016

Werden Personenbezeichnungen aus Gründen der besseren Lesbarkeit nur in der männlichen oder weiblichen Form verwendet, so schließt dies das jeweils andere Geschlecht mit ein.

Projektmanagement und Lektorat: Franziska Riedel, Bremen
Korrektorat: Gabriele Staupe, Wiesbaden
Umschlaggestaltung: Ilka Lange, Hückelhoven
Coverfoto: Fotolia © zinkevych
Printed in Germany

Bibliografische Information der Deutschen Nationalbibliothek
Die Deutschen Nationalbibliothek verzeichnet diese Publikation in der Deutschen Nationalbibliografie. Detaillierte bibliografische Daten sind abrufbar unter:
http://dnb.d-nb.de

ISBN: 978-3-943001-26-6

www.apollon-hochschulverlag.de

Inhalt

Anhang

Vorwort

Laut „Tabakatlas Deutschland 2015" starben im Jahr 2013 rund 121.000 Menschen an den Folgen des Rauchens. Dass entspricht einem Anteil von 13,5 % aller Todesfälle in Deutschland. Zwar hat sich die Anzahl jugendlicher Raucher zwischen 12 und 17 Jahren von 1993 bis 2014 von 20 % auf 10 % halbiert, allerdings steigt gerade bei frühzeitigem Einstieg die Gefahr einer Abhängigkeit und damit die daraus resultierenden gesundheitlichen Folgen. Zudem stellen Zigaretten in jungen Jahren oft eine Einstiegsdroge dar, sodass viele Argumente dafür sprechen, dem Tabakkonsum frühestmöglich zu begegnen.

Neben allgemeiner Aufklärung konnten insbesondere tabakpolitische Maßnahmen den Konsum bereits deutlich eindämmen. So wurde vor mehr als 40 Jahren (1974) Tabakwerbung in Funk und Fernsehen, seit 2007 in Zeitschriften, Zeitungen und im Internet verboten. 1981 folgte die gesetzliche Verpflichtung, den Warnhinweis „Der Bundesgesundheitsminister: Rauchen gefährdet Ihre Gesundheit" auf Zigarettenpackungen zu positionieren. Neben z. B. der Erhöhung der Tabaksteuerung will die Bundesregierung seit 2016 das Rauchen durch die Umwandlung der europäischen Tabakproduktrichtlinie 2014/40/EU in nationales Recht weiter eindämmen. Seither müssen mindestens zwei Drittel der Zigarettenschachteln mit Schockbildern und Warnhinweisen versehen werden. Doch halten solche Maßnahmen Kinder und Jugendliche wirklich vom Rauchen ab? Wie wirksam und effektiv sind bisherige tabakpolitische Maßnahmen im Rückblick? All diesen wichtigen Fragen geht der Autor in dem vorliegenden Buch nach.

Wichtige internationale Erkenntnisse, die das vorliegende Buch liefert, erstrecken sich dabei beispielsweise auf genderspezifische Unterschiede in der Wirkung auf Preiserhöhungen oder Warnhinweise. Zudem werden u. a. kurz- und langfristige werbepsychologische Wirkungen Heranwachsender wie beispielsweise die Empfänglichkeit Jugendlicher auf Werbemaßnahmen der Tabakindustrie (Stichwort: Markentreue) beleuchtet.

Damit bietet das Werk eine aufschlussreiche Lektüre nicht nur für Wissenschaftler, sondern auch für Praktiker, die sich für das Thema „Kampf gegen Tabak" interessieren oder sich zum Wohl der Gesundheit von Rauchern und Nichtrauchern engagieren (möchten).

Prof. Dr. Viviane Scherenberg, MPH
Dekanin für den Bereich Prävention und Gesundheitsförderung
an der APOLLON Hochschule der Gesundheitswirtschaft

Einleitung

Rauchen ist das größte vermeidbare Gesundheitsrisiko in Deutschland und mit jährlich etwa 110.000 Todesfällen die führende Ursache vorzeitiger Sterblichkeit (vgl. Drogenbeauftragte, 2015, S. 25). Tabakkonsum verkürzt das Leben um durchschnittlich etwa zehn Jahre, und mehr als die Hälfte aller regelmäßigen Raucherinnen und Raucher stirbt vorzeitig an einer Herz-Kreislauf-Erkrankung, an Lungenkrebs oder einer anderen Atemwegserkrankung (vgl. ebd.). Rauchen wirkt sich negativ auf den Stoffwechsel, das Skelett, den Zahnhalteapparat, die Augen und die Fruchtbarkeit aus (vgl. USDHHS, 2006, S. 11; IARC, 2004, S. 1231 ff.; WHO, 2011, S. 19 f.).

Gleichwohl beträgt der Anteil der aktiven Raucherinnen und Raucher in Deutschland 24,5 % der Bevölkerung; damit raucht knapp jede(r) Vierte (vgl. Drogenbeauftragte, 2015, S. 25). Obwohl das Ausmaß der Passivrauchbelastung zurückgegangen ist, sind immer noch 34 % der Männer und 22 % der Frauen ab 18 Jahren, die nicht selbst rauchen, mindestens einmal pro Woche mit Tabakrauch konfrontiert (vgl. Lampert; Kuntz, 2015a, S. 72).

Im Jahr 2014 lag der Konsum von versteuerten Fertigzigaretten bei 81,05 Mrd. Stück (vgl. Statistisches Bundesamt, 2015, S. 3), der Pro-Kopf-Verbrauch lag bei 986 Zigaretten (vgl. ebd., S. 7). Für Tabakwaren gaben die Deutschen im Jahr 2014 rund 25,5 Mrd. Euro aus (vgl. ebd., S. 3). Die Nettoeinnahmen aus der Tabaksteuer betrugen im Jahr 2014 rund 14,6 Mrd. Euro (vgl. ebd., S. 6). Demgegenüber belaufen sich die direkten Kosten für die Versorgung von Krankheiten und Gesundheitsproblemen, die auf das Rauchen zurückzuführen sind, aktuellen Schätzungen zufolge auf jährlich 25,41 Mrd. Euro (vgl. DKFZ, 2015, S. 4). Unter Einbeziehung von verlorenen Lebensjahren, krankheitsbedingtem Fehlen am Arbeitsplatz und Arbeitslosengeldzahlungen (indirekte Kosten) betragen die jährlichen Gesamtkosten des Rauchens 79,09 Mrd. Euro (vgl. ebd.).

Der Anteil jugendlicher Raucher im Alter von 12 bis 17 Jahren lag im Jahr 2014 bei 9,7 % und ist damit der tiefste erhobene Wert seit 1979 (vgl. Drogenbeauftragte, 2015, S. 25). Dieser Trend zeichnet sich seit etwa zehn Jahren ab: Der Wert lag im Jahr 2001 noch bei 28 % (vgl. ebd.). Ausgehend von den heute 17-Jährigen liegt das Einstiegsalter ins regelmäßige Rauchen derzeit im Durchschnitt bei 15,1 Jahren (vgl. Lampert; Kuntz, 2014, S. 833). Weniger als 10 % der Personen, die das 21. Lebensjahr rauchfrei vollendet haben, werden noch zu einem Raucher (vgl. Siegel et al., 1996, S. 14 f.). 80 % aller Raucher fangen bis zum Alter von 18 Jahren mit dem Rauchen an (vgl. Horn, 2004, S. 272). Die bekannten Gesundheitsprobleme treten jedoch erst einige Jahrzehnte später auf. Die Tabakindustrie hat daher ein großes Interesse daran, gerade die Jugendlichen im Alter von 12 bis 17 Jahren als neue Konsumenten zu gewinnen und wendete im Jahr 2013 knapp 206 Mio. Euro für Tabakwerbung auf (vgl. Drogenbeauftragte, 2015, S. 266).

Vor diesem Hintergrund stellt die nachhaltige Verringerung des Tabakkonsums bzw. die Vermeidung des Einstiegs in den Tabakkonsum bei den Jugendlichen im Alter von 12 bis 17 Jahren ein wichtiges Ziel der Gesundheitspolitik dar. In diesem Alter werden die Weichen für das Gesundheitsverhalten im späteren Leben gestellt, und viele Jugendliche unterschätzen die gesundheitlichen Konsequenzen ihres Tabakkonsums (vgl. Lampert; Kuntz, 2014, S. 830). Je früher der Einstieg in den Tabakkonsum erfolgt, desto größer ist die Wahrscheinlichkeit, im späteren Leben regelmäßig zu rauchen und eine Tabakabhängigkeit zu entwickeln (vgl. Kendler et al., 2013, S. 411).

Das vorliegende Buch stellt den aktuellen Stand der Folgen des Tabakkonsums in Hinblick auf gesundheitliche und ökonomische Aspekte in Deutschland dar. Die bisherigen Präventionsmaßnahmen werden vorgestellt und einer kritischen Würdigung unterzogen. Folgende Forschungsfrage wird konkret beantwortet:

Welche verhältnispräventiven Maßnahmen sind nach aktueller wissenschaftlicher Erkenntnislage dazu geeignet, den Tabakkonsum von Jugendlichen im Alter von 12 bis 17 Jahren in Deutschland zu senken?

Die vorliegende Arbeit ist die erste, die verschiedene verhältnispräventive Maßnahmen der Tabakkontrolle für die Zielgruppe der 12- bis 17-jährigen Jugendlichen miteinander vergleicht und hinsichtlich Zielgruppenansprache, Wirksamkeit und Effizienz bewertet.

Das vorliegende Buch gliedert sich dabei in vier Kapitel. Im ersten Kapitel wird der Tabakkonsum in Deutschland unter verschiedenen Aspekten wie Alter, Geschlecht und sozialen Merkmalen betrachtet. Der methodische Hintergrund der Bestandsaufnahme wird im zweiten Kapitel näher erläutert. Im dritten Kapitel werden die bisherigen Maßnahmen der Tabakprävention vorgestellt. Diese werden im Anschluss daran in ihren Möglichkeiten und Grenzen aufgezeigt und jeweils einer kritischen Bewertung unterzogen. Die Zusammenfassung und Diskussion der Ergebnisse erfolgt im vierten Kapitel. Es werden praxisorientierte Handlungsempfehlungen abgeleitet, die Möglichkeiten zur Reduktion des Tabakkonsums in Deutschland aufzeigen.

Angesichts der immensen, durch Tabakkonsum verursachten gesundheitlichen und ökonomischen Schäden, besteht dringender Handlungsbedarf für die Umsetzung wissenschaftlich belegter, umfassender Präventionsmaßnahmen.

1 Tabakkonsum in Deutschland

Im folgenden Kapitel wird die epidemiologische Situation des Tabakkonsums in Deutschland aufgezeigt. Es werden zudem die möglichen Gesundheitsschäden und Kosten des Tabakkonsums dargestellt, sowie die möglichen Präventionsstrategien vorgestellt.

1.1 Epidemiologische Situation

Die Epidemiologie befasst sich mit der Verbreitung sowie den Ursachen und Folgen von gesundheitsbezogenen Zuständen in Bevölkerungen oder Populationen. Dabei werden Faktoren untersucht, die zu Gesundheit und Krankheit von Individuen und Populationen beitragen. Die Epidemiologie dient damit als quantitative Basis möglicher Maßnahmen, die im Interesse der untersuchten Population unternommen werden.

Rauchen nach Alter und Geschlecht

Die Zahl der jugendlichen Raucherinnen und Raucher (12 bis 17 Jahre) lag nach Erhebung der Bundeszentrale für gesundheitliche Aufklärung (BZgA) 2014 bei 9,7 % (ohne Bildungsgewichtung) bzw. bei 12,1 % (mit Bildungsgewichtung) (vgl. Orth; Töppich, 2015, S. 18). Dabei bestehen im Rauchverhalten keine auffälligen Unterschiede zwischen Mädchen (11,9 %) und Jungen (12,3 %); das Nierauchen und das (starke) Rauchen sind bei den Jungen und Mädchen gleich verbreitet (vgl. Abbildung 1.1).

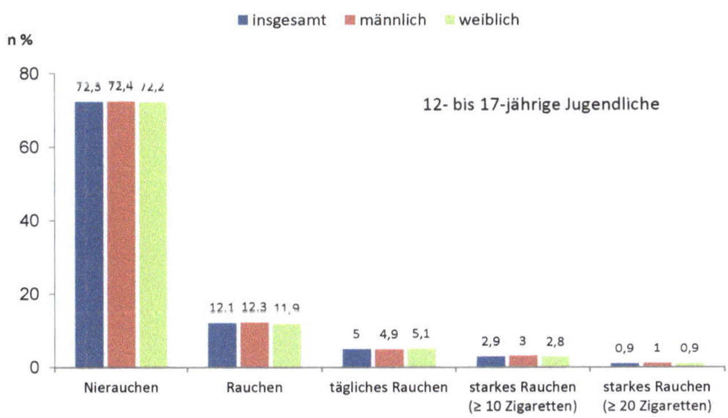

Abbildung 1.1: Tabakkonsum bei 12- bis 17-Jährigen in % (vgl. Orth; Töppich, 2015, S. 19)

Diese Zahlen stimmen mit den Daten der ersten Folgebefragung der Studie zur Gesundheit von Kindern und Jugendlichen in Deutschland (KiGGS Welle 1) überein, wonach aktuell 12 % der 11- bis 17-jährigen Jugendlichen rauchen, auch hier ohne signifikante Unterschiede zwischen Mädchen und Jungen (vgl. Lampert; Kuntz, 2014, S. 833). Dass sie jemals geraucht haben, trifft auf insgesamt 27 % der Jugendlichen im Alter von 11 bis 17 Jahren zu (vgl. ebd.). Die deutliche Mehrheit von 72,3 % der 12- bis 17-Jährigen hat somit noch nie geraucht (vgl. Orth; Töppich, 2015, S. 18).

Bezogen auf alle Jugendlichen haben nach Angaben der Bundeszentrale für gesundheitliche Aufklärung 5 % in den letzten 30 Tagen jeden Tag geraucht (tägliches Rauchen). 2,9 % der 12- bis 17-Jährigen rauchten jeden Tag 10 Zigaretten oder mehr (starkes Rauchen) (vgl. Orth; Töppich, 2015, S. 18). 20 Zigaretten oder mehr rauchten 0,9 % der Jugendlichen im Alter von 12 bis 17 Jahren (vgl. ebd.). Der durchschnittliche Konsum von Jugendlichen, die mindestens einmal in der Woche rauchen, liegt bei knapp sieben Zigaretten täglich (vgl. Lampert; Kuntz, 2014, S. 833).

Die Prävalenz zum Rauchen liegt bis zum Alter von 13 Jahren bei unter 5 % und steigt dann allmählich bis auf 31,2 % bei den 17-jährigen Mädchen bzw. 37,8 % bei den gleichaltrigen Jungen an (vgl. Abbildung 1.2).

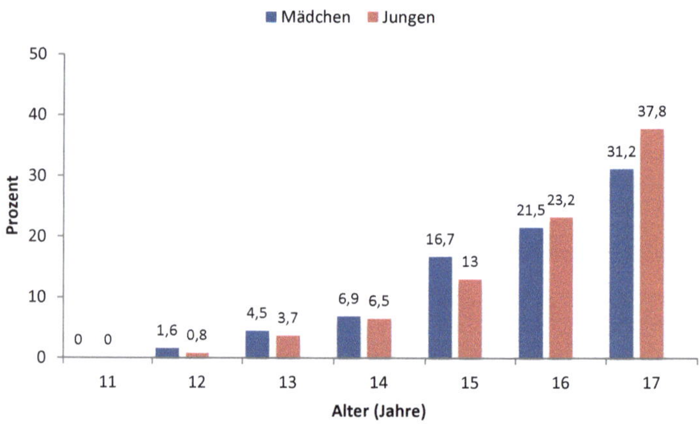

Abbildung 1.2: Anteil der 11- bis 17-jährigen Mädchen und Jungen, die aktuell rauchen (vgl. Lampert; Kuntz, 2014, S. 833)

Unter alters- und geschlechtsspezifischer Betrachtung wird deutlich, dass der Tabakkonsum ab etwa dem 14. Lebensjahr unter den Jugendlichen eine weite Verbreitung erfährt (vgl. ebd.).

Rauchen nach Einstiegsalter

Um Aussagen über das Einstiegsalter treffen zu können, werden von Lampert und Kuntz nur die 17-jährigen Jugendlichen betrachtet, die mindestens einmal in der Woche rauchen (vgl. Abbildung 1.3). Im Durchschnitt haben diese im Alter von 15,1 Jahren mit dem regelmäßigen Rauchen begonnen. Bis zum Alter von 12 Jahren haben lediglich 0,4 % der Mädchen und 4,5 % der Jungen angefangen, regelmäßig zu rauchen. Zu einem sprunghaften Anstieg auf 17,3 % bei den Mädchen und 8,8 % bei den Jungen kommt es im Alter von 13 Jahren. Mit 15 Jahren haben bereits 51,8 % der Mädchen und 52,6 % der Jungen mit dem regelmäßigen Konsum angefangen. Die andere Hälfte der Jugendlichen hat im Alter von 16 oder 17 Jahren mit dem regelmäßigen Rauchen angefangen (vgl. Lampert; Kuntz, 2014, S. 833).

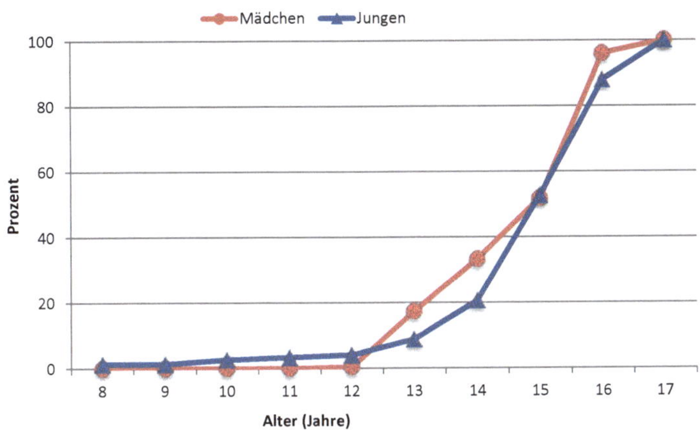

Abbildung 1.3: Alter bei Einstieg in den regelmäßigen Tabakkonsum (vgl. Lampert; Kuntz, 2014, S. 835)

Mehr als 80 % der Raucher beginnen bereits vor dem 18. Lebensjahr das Rauchen (vgl. Lampert; Burger, 2005, S. 1235). Dagegen werden weniger als 10 % der Personen, die das 21. Lebensjahr rauchfrei vollendet haben, noch zu einem Raucher (vgl. Siegel et al., 1996, S. 14 f.).

Rauchen nach sozialen Merkmalen

Im Rauchverhalten der Jugendlichen zeigen sich deutliche Unterschiede hinsichtlich sozialer Merkmale und Bildung. Jugendliche aus Familien mit niedrigem sozioökonomischen Status rauchen zweimal häufiger als Jugendliche aus Familien mit hohem sozioökonomischen Status; beim täglichen Rauchen liegt das entsprechende Chancenverhältnis bei 3,7:1 (vgl. Lampert; Kuntz, 2014, S. 834). Signifikante Unterschiede zeigen sich auch zwischen der mittleren und hohen Statusgruppe (vgl. ebd.).

Jugendliche, die eine Hauptschule besuchen, haben ein deutlich höheres Risiko zu rauchen als ihre Altersgenossen an der Realschule oder auf dem Gymnasium (vgl. Tabelle 1.1). Bei Hauptschülern ist z. B. das Nierauchen mit 60,8 % geringer verbreitet als bei Gymnasiasten (82,9 %). Umgekehrt finden sich an der Haupt- und Realschule mit 16,5 % bzw. 10,3 % deutlich mehr Raucher als am Gymnasium mit 5,2 %. Eine entsprechende Verteilung zeigt sich im täglichen und starken Rauchen: 9,3 % aller Hauptschüler und 3,9 % aller Realschüler gaben an, in den letzten 30 Tagen täglich geraucht zu haben. Bei Gymnasiasten liegt dieser Wert bei 1,3 %.

Tabelle 1.1: Rauchverhalten nach sozialen Merkmalen im Jahr 2012 in % (vgl. Orth; Töppich, 2015, S. 23)

		Nierauchen	Rauchen	tägliches Rauchen	starkes Rauchen (≥10 Zig.)	starkes Rauchen (≥20 Zig.)
Befragte in der Sekundarstufe 1	Gesamt	78,4	8,7	3,3	1,8	0,4
	Gymnasium Sek. 1	82,9	5,2	1,3	0,5	0,0
	Gesamtschule	87,2	5,0	0,9	0,7	0,2
	Realschule	77,6	10,3	3,9	1,6	0,6
	Hauptschule	60,8	16,5	9,3	6,6	0,8

Ein Migrationshintergrund ist sowohl bei Jungen als auch bei Mädchen mit einem verringerten Tabakkonsum verbunden (vgl. RKI; BZgA, 2008, S. 78).

Trends des Rauchens

Das Rauchverhalten der Jugendlichen im Alter von 12 bis 17 Jahren kann seit 1979 dargestellt werden. Abbildung 1.4 zeigt die zeitliche Entwicklung der Anteile der rauchenden und nierauchenden Jugendlichen dieser Altersspanne. Im Jahr 1979 rauchten 30,2 % der 12- bis 17-jährigen Jugendlichen. Zwei Jahrzehnte später (im Jahr 2001) rauchten immer noch 27,5 %. Danach setzte ein deutlicher Rückgang des Rauchens ein: Im Jahr 2014 liegt der Anteil bei 9,7 % – gegenüber dem Jahr 2001 eine Verringerung um fast zwei Drittel (vgl. Orth; Töppich, 2015, S. 24). Von 2009 bis 2014, also innerhalb von sechs Jahren, hat sich der Tabakkonsum von

20,4 % auf 12 % fast halbiert (vgl. Lampert; Kuntz, 2014, S. 836). Der Anteil der Nieraucher stieg im Verlauf von rund 42 % auf 75,3 % an.

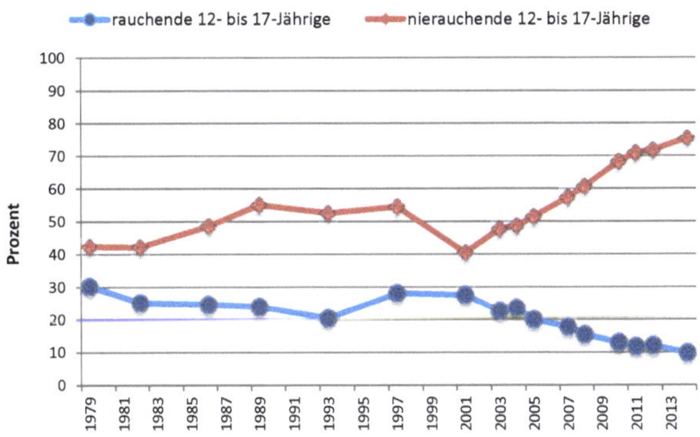

Abbildung 1.4: Trends des Rauchens und Nierauchens bei Jugendlichen im Alter von 12 bis 17 Jahren von 1979 bis 2014 (vgl. Orth; Töppich, 2015, S. 24)

Die entsprechenden Zahlen für das durchschnittliche Einstiegsalter in den Tabakkonsum liegen, beginnend mit der Drogenaffinitätsstudie aus dem Jahr 1986, ebenfalls vor. Von 1986 bis 2014 stieg das Durchschnittsalter, in dem zum ersten Mal geraucht wird, von 13,4 Jahre auf 14,8 Jahre an (vgl. Orth; Töppich, 2015, S. 28). Der stärkere Anstieg ist mit 13 (1986) auf 14,9 (2014) Jahre bei den Jungen zu verzeichnen; bei den Mädchen fällt die Verzögerung geringer aus (1986: 13,8 Jahre; 2014: 14,7 Jahre).

Rauchen im internationalen Vergleich

In der von der Weltgesundheitsorganisation (WHO) koordinierten Studie „Health Behaviour in School-aged Children" (HBSC) wird u. a. das Rauchverhalten von Schulkindern im Alter von 11, 13 und 15 Jahren aus 43 Ländern und Regionen Europas und Nordamerikas abgefragt. Die Ergebnisse der Studie geben Aufschluss über das Alter, in dem Jugendliche mit dem Rauchen beginnen, und darüber, wie oft sie rauchen.

Der Anteil der jugendlichen Raucher, der unter den 11-Jährigen noch weitgehend gleich ist (unter 1 %), entwickelt sich bis zum Alter von 15 Jahren je nach Land sehr unterschiedlich (vgl. WHO, 2012, S. 143 ff.). So rauchen z. B. in Litauen und Österreich mehr als 25 % der 15-Jährigen; in Norwegen, den USA und Kanada jedoch weniger als 10 % (vgl. ebd.). Die 15-jährigen Jugendlichen aus Deutschland liegen hier mit einem Anteil von 15 % im Mittelfeld, nahezu gleichauf mit Schottland, Schweden und Polen (vgl. ebd.).

Rauchen ist insgesamt bei den Jungen weiter verbreitet; diese fangen tendenziell auch früher an zu rauchen. Während in den baltischen Republiken Estland und Litauen über 50 % der 15-jährigen Jungen im Alter von 13 oder früher mit dem Rauchen anfangen, liegt deren Anteil in den USA bei lediglich 11 %. Der Anteil der deutschen 15-jährigen Jungen liegt mit 20 % im Mittelfeld (vgl. ebd.).

1.2 Soziale Determinanten und Beweggründe

Das Rauchverhalten der Jugendlichen wird stark vom Vorbild der Eltern und gleichaltrigen Freunden geprägt. Wenn die Eltern rauchen, ist das Risiko, dass die Jugendlichen ebenfalls rauchen, klar erhöht. Im Rahmen der KiGGS-Studie wurde festgestellt, dass 46,3 % der Jungen und 45,7 % der Mädchen im Alter von 14 bis 17 Jahren, deren Eltern rauchen, selbst zur Zigarette greifen (vgl. Lampert; Thamm, 2007, S. 600). Rauchen die Eltern nicht, trifft dies nur auf 20,8 % der Jungen und 20,9 % der Mädchen zu (vgl. ebd.). Noch weitaus stärker als das elterliche Vorbild kommt jedoch das Verhalten der gleichaltrigen Freunde zum Tragen. Von den 14- bis 17-Jährigen, deren Freunde rauchen, gaben 44,9 % der Jungen und 42,9 % der Mädchen an, selbst zu rauchen (vgl. ebd.). Rauchen die Freunde nicht, liegen die Werte lediglich bei 7,8 % bzw. 11,5 % (vgl. ebd.).

Der HBSC-Studie lassen sich weitere soziale Determinanten entnehmen:

- Während noch rund 30 % der 13-Jährigen die Schule mögen, trifft dies nur noch auf 20 % der 15-jährigen Jugendlichen zu (vgl. WHO, 2012, S.47).
- Über die Hälfte der 13- und 15-jährigen Mädchen denken, dass sie zu dick sind (vgl. ebd. S. 95), rund 20 % versuchen abzunehmen (vgl. ebd., S. 99). Nur 13 % der 13-jährigen Mädchen und 10 % der 15-jährigen Mädchen haben jedoch nach eigenen Aussagen, gemäß ihrem Body-Mass-Index (BMI), wirklich Übergewicht (vgl. ebd. S. 91).

In einer Schülerbefragung berichteten Mädchen (mittleres Alter 15,4 Jahre) fast doppelt so häufig wie Jungen, zu rauchen, um nicht zuzunehmen (vgl. Morgenstern et al., 2007, S. 2). Etwa die Hälfte der Mädchen (51 %) machte sich immer/oft Sorgen um ihr eigenes Gewicht, obwohl 92 % der Mädchen auf Grundlage ihres BMI als normalgewichtig eingestuft werden (vgl. ebd.). Sabbah et al. fanden heraus, dass mehr Mädchen als Jungen mit ihrem Gewicht unzufrieden sind, obwohl sie nicht übergewichtig sind (vgl. Sabbah et al., 2009, S. 40 ff.). Mädchen gaben deutlicher häufiger als Jungen an, zu rauchen anstatt zu essen (35 % vs. 22 %) (vgl. Morgenstern et al., 2007, S. 8). Eine mögliche Erklärung dafür ist, dass Essen und Tabakkonsum das gleiche Belohnungszentrum im Gehirn ansprechen (vgl. Lanza et. al, 2014, S. 714).

Normalgewichtige Mädchen, die versuchen abzunehmen, rauchen doppelt so häufig wie ihre Altersgenossinnen, die nicht abzunehmen versuchen (23,7 % vs. 12,6 %) (vgl. Strauss; Mir, 2001, S. 1383). Bei übergewichtigen Mädchen, die versuchen abzunehmen, ist das Risiko hingegen nicht erhöht (15,8 % vs. 14,1 %) (vgl. ebd.). Fast 40 % der Jugendlichen glauben, dass Rauchen eine Hilfe zur Gewichtskontrolle ist (vgl. ebd., S. 1384). Es ist hinreichend bewiesen, dass die Rauchentwöhnung bei Erwachsenen zu einer Gewichtszunahme von 3–5 kg führt (vgl. ebd.). Eine aktuelle Studie zeigt, dass Jugendliche, die auf dem Weg zum Erwachsensein weniger rauchen, übergewichtig werden (vgl. Huang et al., 2013, S. 2660). Es gibt jedoch keinen Beweis dafür, dass der Einstieg in das Rauchen zu einem Gewichtsverlust führt (vgl. Strauss; Mir, 2001, S. 1384).

Rauchende Schüler zeigen der Schülerbefragung nach ein anderes Freizeitverhalten als ihre nicht rauchenden Altersgenossen. Sie sehen an Schultagen mehr Fernsehen und Videos, verbringen mehr Zeit am Computer (vgl. Morgenstern et al., 2007, S. 7). Es stellte sich zudem heraus, dass sich rauchende Schülerinnen und Schüler an ihrer Schule häufiger nicht wohl fühlen als nicht rauchende Schülerinnen und Schüler (33 % vs. 22 %) und subjektiv der Auffassung sind, schlechtere Schulleistungen zu haben (vgl. ebd.).

Ein Großteil der jugendlichen Raucher (61 %) gab in der Befragung an, zu rauchen, um die eigene Stimmung zu verbessern (vgl. ebd., S. 8).

1.3 Passivrauchen

Passivrauchen bezeichnet die Aufnahme von Tabakrauch aus der Raumluft. Da der Tabakrauch zahlreiche giftige und teilweise krebserregende Substanzen enthält, sind neben den aktiven Rauchern auch nicht rauchende Personen gefährdet, die regelmäßig Tabakrauch ausgesetzt sind (vgl. DKFZ, 2005b, S. 9 ff.). Aufgrund ihrer im Vergleich zu Erwachsenen erhöhten Atemfrequenz nehmen Kinder und Jugendliche mehr Schadstoffe auf (vgl. RKI; BZgA, 2008, S. 109). Da ihre Organe und Organsysteme noch nicht voll ausgereift sind, sind sie besonders empfindlich gegenüber Tabakrauch (vgl. Lampert; Kuntz, 2015b, S. 9). Kinder und Jugendliche, die regelmäßig Passivrauch ausgesetzt sind, erkranken häufiger an Mittelohrentzündungen, Atemwegsinfektionen und Asthma bronchiale (vgl. DKFZ, 2010a, S. 5).

Im Kinder- und Jugendgesundheitssurvey des Robert Koch-Instituts (KiGGS Welle 1) wurden Jugendliche im Alter von 11 bis 17 Jahren gefragt, wie häufig sie sich in Räumen aufhalten, in denen geraucht wird (vgl. RKI, 2014). Es zeigte sich, dass 18,7 % der Mädchen und 19 % der Jungen, die selbst nicht rauchen, mindestens mehrmals pro Woche oder sogar täglich einer Passivrauchbelastung ausgesetzt sind (vgl. Lampert; Kuntz, 2015b, S. 9). Dabei halten sich Jugendliche mit niedrigem Sozialstatus häufiger in Räumen auf, in denen geraucht wird als Nichtraucher mit hohem Sozialstatus (26,4 % vs. 8,2 %) (vgl. ebd.). 67 % der Jugendlichen, die nicht selbst rauchen, halten sich zumindest gelegentlich in Räumen auf, in denen geraucht wird (vgl. Lampert; Kuntz, 2015a, S. 87). Nach den aus den Jahren 2009 bis 2012 stammenden Daten leben 43 % der Kinder und Jugendlichen im Alter bis 17 Jahren mit mindestens einem rauchenden Elternteil zusammen; bei 15 % rauchen sogar beide Elternteile (vgl. ebd.).

Die Eltern der 0- bis 17-jährigen Kinder und Jugendlichen wurden in der Studie gefragt, ob in der elterlichen Wohnung in Gegenwart des Kindes geraucht wird. Danach sind 11,1 % der nicht rauchenden Kinder und Jugendlichen in der elterlichen Wohnung Passivrauch ausgesetzt (vgl. Lampert; Kuntz, 2015b, S. 9). Bei Kindern und Jugendlichen mit hohem Sozialstatus trifft dies lediglich auf 3,3 % zu; für die Gleichaltrigen aus der mittleren und niedrigen Statusgruppe liegen die Vergleichswerte mit 9,9 % bzw. 23,2 % deutlich höher (vgl. ebd.).

1.4 Gesundheitsschäden

Tabakrauch besteht aus über 4.800 Substanzen, die gesundheitsschädigend sind (vgl. Lampert, 2011, S. 2). Mindestens 250 dieser Substanzen sind giftig oder krebserregend (vgl. DKFZ, 2008a, S. 17). Rauchen schädigt nahezu jedes Organ des Körpers; die meisten durch das Rauchen verursachten Gesundheitsschäden treten dabei erst Jahre nach dem Rauchbeginn auf (vgl. ebd.). Jedoch leiden auch schon junge Raucher an unmittelbaren und akuten Gesundheitsschädigungen.

Gesundheitsschäden in der Jugend: Rauchen schädigt schon bei jungen Menschen die Atemwege. Im Tabakrauch befinden sich zahlreiche Substanzen, die Entzündungsreaktionen verursachen, das Gewebe schädigen und die Produktion von Bronchialschleim verstärken (vgl. ebd. S. 17 f.). Tabakrauch lähmt die Flimmerhärchen der Bronchialschleimhaut und schädigt damit den Selbstreinigungsmechanismus der Atemwege (vgl. ebd.). Weiterhin zerstört er die Lungenbläschen und beeinträchtigt das Immunsystem; junge Raucher leiden häufiger als Nichtraucher an Hustenanfällen, Atemlosigkeit und pfeifendem Atem (vgl. ebd. S. 18). Rauchen verzögert das Lungenwachstum und verringert die Leistungsfähigkeit der Lunge; die Wahrscheinlichkeit für das Auftreten von Asthma wird erhöht (vgl. ebd.). Bei jungen Rauchern ist außerdem die Mundgesundheit schlechter. Rauchen fördert die Entstehung von schweren entzündlichen Erkrankungen des Zahnhalteapparats und kann zu Mundgeruch führen (vgl. ebd.). Mädchen leiden vermehrt unter Menstruationsbeschwerden. Abbildung 1.5 liefert eine Übersicht der möglichen Gesundheitsschäden bei Jugendlichen.

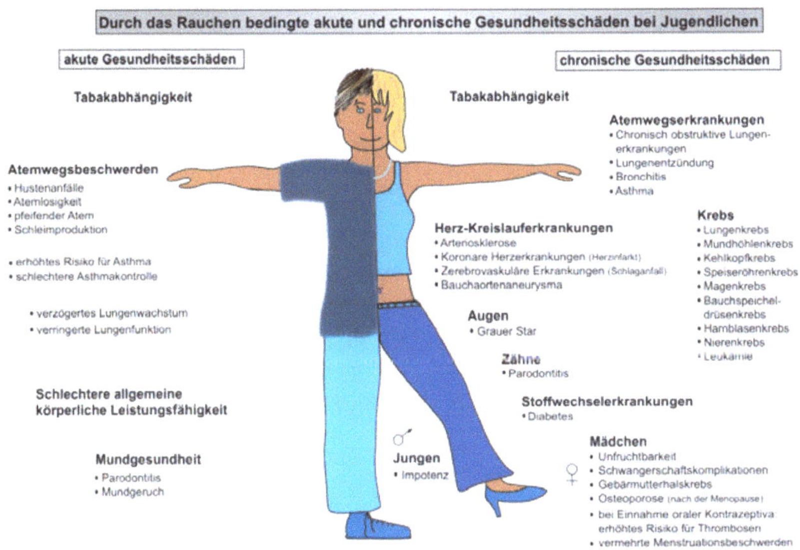

Abbildung 1.5: Durch Rauchen bedingte akute und chronische Gesundheitsschäden bei Jugendlichen (DKFZ, 2008a, S. 19)

Gesundheitsschäden im späteren Leben: Langfristig schädigt das Rauchen nahezu jedes Organ, wobei Atemwege und Herz-Kreislauf-System am stärksten betroffen sind. Das Rauchen verursacht bis zu 90 % aller

Lungenkrebsfälle und ist die bedeutendste Ursache chronischer Lungenerkrankungen (vgl. DKFZ, 2008a, S. 22). Daneben haben Raucher ein doppelt so hohes Risiko an Herz-Kreislauf-Erkrankungen zu leiden und Schlaganfälle zu bekommen wie Nichtraucher (vgl. ebd., S. 23). Raucher haben zudem ein höheres Risiko als Nichtraucher für verschiedene Krebsarten wie Kehlkopfkrebs, Krebs der Leber, der Bauchspeicheldrüse, der Niere und der Harnblase (vgl. ebd.). Dabei steigt das Risiko mit der Anzahl der täglich konsumierten Zigaretten, dem Zeitpunkt des Raucheinstiegs und der Dauer an Jahren, in denen geraucht wird (vgl. ebd.).

Raucher haben ferner, unabhängig von der Anzahl der gerauchten Zigaretten, ein doppelt so hohes Risiko an einem Typ 2 Diabetes zu erkranken (vgl. ebd.). Weiterhin lässt Rauchen die Haut vorzeitig altern und bei Menschen ab 50 Jahren erhöht sich das Risiko für Osteoporose – je mehr geraucht wird, umso poröser wird das Knochengewebe (vgl. ebd.).

In Abhängigkeit von der Anzahl der gerauchten Zigaretten haben Raucher auch ein erhöhtes Risiko für grauen Star, Impotenz bei Männern und Unfruchtbarkeit bei Frauen (vgl. ebd.).

Vorzeitiger Tod: Je früher mit dem Tabakkonsum begonnen wird, desto größer ist das Risiko für einen vorzeitigen Tod. Rauchen verkürzt das Leben um durchschnittlich zehn Jahre (vgl. Drogenbeauftragte, 2015, S. 25). Mehr als die Hälfte aller regelmäßigen Raucher stirbt vorzeitig an den Folgen ihres Tabakkonsums (vgl. DKFZ, 2008a, S. 23), allein in Deutschland betrifft das jedes Jahr zwischen 100.000 und 120.000 Menschen (vgl. Mons, 2011, S. 238; Drogenbeauftragte, 2015, S. 25). Jeder zweite dieser vorzeitigen Todesfälle tritt bereits im mittleren Lebensalter zwischen 35 und 69 Jahren ein und wäre vermeidbar (vgl. Drogenbeauftragte, 2015, S. 25). Laut einer Studie von Doll et al. erreichen nur 58 % der Raucher das 70. Lebensjahr und sogar nur 26 % das 80. Lebensjahr (vgl. Doll et al., 2004, S. 8). Demgegenüber werden 81 % der Nichtraucher 70 Jahre und 59 % 80 Jahre alt (vgl. ebd.).

1.5 Kosten des Tabakkonsums

Das Rauchen verursacht für das Gesundheitswesen und die Volkswirtschaft erhebliche Kosten. Diese Kosten setzen sich aus direkten und indirekten Kosten zusammen. Die direkten Kosten erfassen den Wert der Güter, die im Gesundheitswesen aufgrund von tabakbedingten Erkrankungen verbraucht werden (vgl. DKFZ, 2015, S. 1). Dazu zählen Arzneimittel und medizinische Dienstleistungen wie Operationen und Rehabilitationsmaßnahmen (vgl. ebd.). Einer aktuellen Berechnung zufolge ergeben sich für das Gesundheitssystem direkte tabakbedingte Kosten in Höhe von 25,41 Mrd. Euro pro Jahr (vgl. ebd.). Wie sich dieser Betrag der direkten Kosten im Einzelnen aufschlüsselt, kann Abbildung 1.6 entnommen werden.

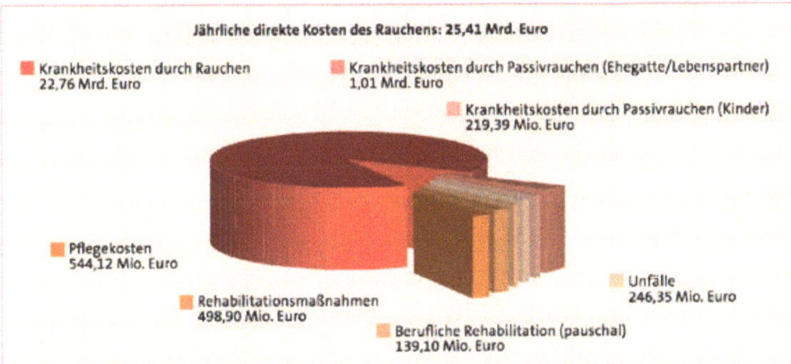

Abbildung 1.6: Jährliche direkte Kosten des Rauchens (DKFZ, 2015, S. 1)

Eine frühere Berechnung bezifferte die direkten Kosten des Rauchens für das Jahr 2007 mit 8,7 Mrd. Euro (vgl. DKFZ, 2009b, S. 1). In dieser Berechnung wurden jedoch wesentliche, durch das Rauchen verursachte Gesundheitskosten nicht berücksichtigt, wie etwa die durch das Rauchen allgemein reduzierte Immunabwehr und daraus entstehende Krankheitsbilder (vgl. DKFZ, 2015, S. 2).

Die indirekten Kosten erfassen Verluste der Volkswirtschaft, die durch das tabakbedingte vorzeitige Ausscheiden von Rauchern aus dem Berufsleben entstehen. Indirekte Kosten entstehen, wenn Raucher aufgrund von Krankheit und vorzeitigem Tod nicht mehr arbeiten können; damit stellen sie Produktionsausfälle einer Volkswirtschaft dar (vgl. ebd.). Insgesamt ergeben sich jährliche indirekte Kosten in Höhe von 53,68 Mrd. Euro (vgl. ebd.). Eine Aufschlüsselung der indirekten Kosten ist Abbildung 1.7 zu entnehmen.

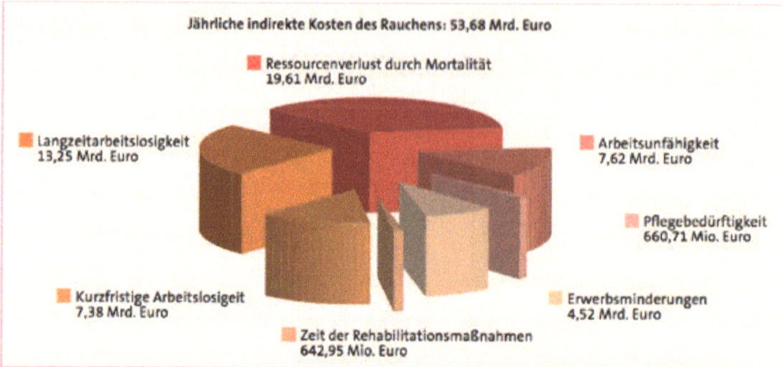

Abbildung 1.7: Jährliche indirekte Kosten des Rauchens (DKFZ, 2015, S. 2)

Die jährlichen Gesamtkosten betragen insgesamt 79,09 Mrd. Euro. Raucher verursachen den Sozialkassen deutlich mehr Kosten als Nichtraucher (vgl. ebd., S. 4). Die daraus resultierenden steigenden Beitragssätze der gesetzlichen Kranken- und Rentenversicherungen werden jedoch nicht nur von den Kostenverursachern getragen, sondern auch von den Nichtrauchenden - die finanzielle Last des Rauchens trägt somit die Allgemeinheit (vgl. ebd.).

Das Rauchen verursacht neben den o. g. immensen Gesundheitsschäden auch volkswirtschaftliche Kosten. Die Anzahl der jugendlichen Raucher ist in den letzten Jahren deutlich zurückgegangen und der Raucheinstieg erfolgt immer später. Jungen und Mädchen im Alter von 12 bis 17 Jahren sind gleichermaßen vom Risiko des Rauchens betroffen; dabei ist das Risiko umso höher, je älter die Jugendlichen sind und je geringer ihr jeweiliger sozioökonomischer Status ist. Rauchende Eltern und rauchende Gleichaltrige sind große Einflussfaktoren. Eine Sonderrolle nehmen heranwachsende Mädchen ein, die sich trotz normalen Gewichts für zu dick halten und glauben, durch das Rauchen ihr Gewicht kontrollieren zu können. Zu viele Jugendliche sind immer noch einer Passivrauchbelastung ausgesetzt.

1.6 Prävention des Tabakkonsums

Im Folgenden werden der Begriff der Prävention näher erläutert und mögliche Zielgruppen der Prävention sowie verschiedene Präventionsstrategien einander gegenübergestellt.

Gesundheitsförderung und Prävention: Der Begriff Gesundheitsförderung umfasst im weitesten Sinn alle der Gesundheit dienenden Maßnahmen einer Gesellschaft und zielt darauf ab, alle Bürger zu befähigen, verantwortungsbewusste Entscheidungen in Bezug auf ihre Gesundheit zu treffen (vgl. Beise, 2013, S. 28). Die Gesundheitsförderung wird von sozialen Faktoren, Umweltbedingungen, dem Lebensstil und psychologischen Faktoren beeinflusst.

Der Begriff Prävention leitet sich vom lateinischen Verb praevenire (= zuvorkommen, verhüten) ab und kann am einfachsten mit einer vorausschauenden Problemvermeidung übersetzt werden. Prävention zielt darauf ab, Krankheiten, Unfälle, Invalidität und vorzeitigen Tod durch medizinische Maßnahmen zu verhüten oder die Verlaufsprognose einer Krankheit günstig zu beeinflussen (vgl. ebd.). Die Prävention fokussiert sich auf bereits Erkrankte oder Risikoträger; damit setzt die Gesundheitsförderung breiter an als die Prävention.

Da es sich bei den jugendlichen Rauchern eindeutig um Risikoträger handelt, werden im weiteren Verlauf nur Strategien der Prävention näher betrachtet.

Zielgruppen der Prävention: Üblich ist die Einteilung der Prävention nach verschiedenen Kriterien. Eine Möglichkeit ist die Einteilung nach dem Zeitpunkt der Prävention. Häufig ist das Wissen um die Ursache einer Krankheit jedoch nur lückenhaft. Folglich ist es nicht ohne Weiteres möglich, der Krankheitsentstehung vorzubeugen (vgl. ebd., S. 29).
Durchgesetzt hat sich daher die Unterteilung der Prävention nach den Zielgruppen, die mit den Maßnahmen erreicht werden sollen. Die Einteilung erfolgt nach dem jeweiligen Risikograd.

Maßnahmen der universellen Prävention zielen auf die gesamte Population und sind für symptomfreie Personen konzipiert (vgl. Block, o. J., S. 2) Alle Mitglieder der Gruppe unterliegen diesen Maßnahmen damit unabhängig von ihrer Gefährdung. Universelle Prävention hat eine große Breitenwirkung, stigmatisiert nicht und erzeugt hohe finanzielle Kosten (vgl. ebd., S. 4). Die Streuverluste sind naturbedingt sehr hoch.

Maßnahmen der selektiven Prävention richten sich an Risikogruppen mit einer erhöhten Wahrscheinlichkeit für die Entwicklung bestimmter Auffälligkeiten (vgl. ebd., S. 2). Diese zeigen bisher jedoch keine Symptome. Ziel der Maßnahmen ist der Abbau von Risikoverhalten bzw. das Eindämmen von risikoerhöhenden Bedingungen (vgl. ebd.). Voraussetzung für wirksame Maßnahmen ist die genaue Kenntnis der Ursachen, die zum erhöhten Risiko führen (vgl. ebd.). Es besteht die Gefahr der Stigmatisierung als Problemgruppe (vgl. ebd., S. 5). Da die Maßnahmen gezielter eingesetzt werden können, ist ein effektiverer Einsatz der Ressourcen möglich.

Maßnahmen der indizierten Prävention werden für Individuen der Risikogruppe mit ersten, bereits feststellbaren Symptomen entwickelt. Ziel der Maßnahmen sind die Wiederherstellung eines symptomfreien Zustands und die Rückfallvermeidung (vgl. ebd., S. 6). Auch hier ist eine genaue Ursachenkenntnis erforderlich, und aufgrund der bereits auftretenden Symptome ist der Einsatz von Ressourcen oft unumgänglich.

Die Übergänge zwischen den einzelnen Präventionstypen sind fließend und bauen aufeinander auf.

Bei der Prävention des Tabakkonsums stellen die nachhaltige Verringerung des Tabakkonsums und der Schutz vor Passivrauchen vorrangige Ziele dar. Kinder und Jugendliche sind dabei die wichtigste Zielgruppe der Tabakprävention (vgl. Lampert; Kuntz, 2014, S. 830). Wie in Kapitel 1.1 bereits dargestellt, beginnen 80 % der Raucher bereits vor dem 18. Lebensjahr mit dem Rauchen und weniger als 10 % der Personen, die das 21. Lebensjahr rauchfrei vollendet haben, werden noch zu einem Raucher. Eine Schlüsselrolle kommt damit der Verhinderung des Einstiegs in das Rauchen zu (vgl. Lampert, 2008, S. 265). In jungen Jahren werden die Weichen für das Gesundheitsverhalten im späteren Leben gestellt (vgl. Lampert; Kuntz, 2014, S. 830). Dabei unterschätzen viele Jugendliche die Konsequenzen des Tabakkonsums (vgl. ebd.). Weil die Mehrheit der Raucher eine Nikotinabhängigkeit aufweist, haben sie entsprechend große Probleme, das Rauchen wieder aufzugeben (vgl. Lampert, 2008, S. 265). Das Risiko für die Gesundheit ist in diesem Lebensalter besonders groß. Da die Organe noch nicht voll entwickelt sind (vgl. ebd.), verursachen aufgrund dieser Vulnerabilität die im Tabakrauch enthaltenden toxischen und krebserregenden Substanzen gravierende gesundheitliche Schäden (vgl. Lampert; Kuntz, 2014, S. 830). Je früher der Einstieg in den Tabakkonsum erfolgt, desto größer ist zudem die Wahrscheinlichkeit, im späteren Leben regelmäßig zu rauchen und eine Tabakabhängigkeit zu entwickeln (vgl. DKFZ, 2008a, S. 22)

Obwohl die Risikogruppe für Maßnahmen der selektiven Prävention bestimmbar ist und die Ursachen für das erhöhte Risiko bekannt sind, greift dieser Präventionsansatz zu kurz. Es wurde bereits aufgezeigt, dass z. B. das Rauchverhalten der Eltern (Vorbildfunktion, Nachahmungsverhalten) (vgl. Settertobulte, 2007, S. 64) einen deutlichen Einfluss auf das Rauchverhalten der Jugendlichen hat. Selektive Präventionsmaßnahmen, die nur die eigentliche Risikogruppe betreffen (Jugendliche im Alter von 12 bis 17 Jahren), hätten hierauf keinen Einfluss. Trotz des Risikos hoher

Streuverluste und höherer Kosten können Maßnahmen der universellen Prävention daher unerlässlich sein.

Präventionsstrategien: Es werden zwei Präventionsstrategien unterschieden (vgl. DIMDI, 2008, S. 20). Die Verhaltensprävention ist personenorientiert und ihrem Wesen nach eher pädagogisch, weil die Krankheitsvermeidung hier durch eine Änderung des eigenen Verhaltens erfolgen soll. Sie setzt bei der Beeinflussung von Einstellungen, Kompetenzen und Verhaltensweisen einzelner Menschen oder Gruppen an.

Von Verhältnisprävention wird gesprochen, wenn zur Erreichung der Präventionsziele soziale, räumliche, kulturelle, rechtliche und ökonomische Strukturen in der Lebenswelt der Bevölkerung verändert werden. Die „Gefahren sind an ihrer Quelle zu bekämpfen" (§ 4 Arbeitsschutzgesetz).

Die Mehrzahl der verhaltenspräventiven Maßnahmen zur Reduktion des Tabakkonsums wird in Deutschland an Schulen durchgeführt (vgl. Piontek et al., 2007, S. 129; Müller-Riemenschneider et al., 2008, S. 3). Der zweitgrößte Tabakkonzern Europas behauptet, dass der Rückgang des Raucheranteils unter Jugendlichen in Deutschland auf diese schulischen Präventionsmaßnahmen zurückzuführen sei: „Germany has a tobacco control strategy with education embedded at it's core, and it delivers proven results" (Imperial Tobacco, 2014, S. 21). Die beiden größten schulischen Tabakpräventionsmaßnahmen in Deutschland erreichen jedoch nur einen geringen Anteil der 6- bis 17-jährigen Kinder und Jugendlichen (vgl. DKFZ, 2014b, S. 1). Das Präventionsprogramm für die Klassenstufen 5 bis 8 erreichte im Schuljahr 2011/12 nur ca. 9 % der Schüler dieser Klassenstufen (vgl. ebd.). Um für die Dauer von zwei Jahren zu verhindern, dass ein Schüler mit dem Rauchen anfängt, müssen statistisch 23,4 Schüler an dem Programm teilnehmen (vgl. ebd., S. 2). Für Schüler im Alter von 14 bis 17 Jahren sind keine schulischen Präventionsprogramme vorhanden (vgl. ebd.).

Es finden sich keine eindeutigen Hinweise für die langfristige Wirksamkeit von reinen Schulinterventionen zur Prävention des Rauchens (vgl. Müller-Riemenschneider et al., 2008, S. 5). Basierend auf den epidemiologischen Fakten ist eine mögliche Erklärung, dass der Anteil der regelmäßigen und täglichen Raucher insbesondere bei den eher bildungsfernen und sozial benachteiligten Jugendlichen erhöht ist und diese sich in der Schule weniger wohl fühlen (vgl. Kapitel 1.1).

Für die gesundheitliche Aufklärung stellt die Bundesregierung pro Jahr nur rund eine Million Euro zur Verfügung (vgl. DKFZ, 2014b, S. 3).

Die davon finanzierten Einzelprojekte haben zumeist nur Modellcharakter und weisen i. d. R. eine geringe Reichweite auf (vgl. ebd.).

Aufgrund der geringen Reichweite und Wirksamkeit zeigten Maßnahmen zur öffentlichen Aufklärung und schulische Tabakpräventionsprogramme nur einen schwachen Einfluss auf das Rauchverhalten Jugendlicher (vgl. ebd., S. 5).

Den größten Anteil am Rückgang jugendlicher Raucher hatten gesetzliche Maßnahmen, die alle Jugendlichen erreichen (vgl. ebd.). Obwohl sich eine nachhaltige Verringerung des Tabakkonsums und eine Verbesserung des Nichtraucherschutzes vermutlich nur durch eine Kombination vielzähliger verhältnis- und verhaltenspräventiver Maßnahmen erreichen lässt (vgl. Lampert; Kuntz, 2015a, S. 96), setzt sich die vorliegende Arbeit ausschließlich mit den – bisher als wirksamer geltenden – verhältnispräventiven Maßnahmen auseinander.

2 Methodisches Vorgehen

Nachfolgend werden sowohl die Recherchestrategie als auch die verwendeten Suchbegriffe dargestellt. Zudem werden die Kriterien erläutert, anhand derer im weiteren Verlauf die Präventionsmaßnahmen bewertet werden.

2.1 Vorgehen der Literaturanalyse

Aufgrund der Schäden und anhaltenden Gefährdungen, die durch den Tabakkonsum verursacht werden, ist das Angebot an aktuellen Quellen umfangreich und auch ausreichend differenziert. Aus diesem Grund ist eine systematische Literaturanalyse sinnvoll und wurde als Methode für die vorliegende Arbeit gewählt. Die Literaturrecherche erfolgte in der eBibliothek von SpringerLink inklusive den darüber erreichbaren Portalen „Bundesgesundheitsblatt" und „Prävention und Gesundheitsförderung" sowie PubMed, MedPilot, Deutsches Ärzteblatt, DIMDI und der Nationalbibliothek. Der Abrufzeitraum lag zwischen Juni und Juli 2015, der betrachtete Zeitraum erstreckte sich auf die Jahre 2005 bis 2015. Darüber hinaus ist ein Rückgriff auf Literatur bis zum Jahr 1996 teilweise erforderlich, da zu diesem Zeitpunkt die Grundlagenforschung im Bereich der Tabakprävention stattfand und sich spätere Studien oftmals auf diese immer noch geltenden Grundlagen beziehen. Die in der Suche eingeschlossene Zielpopulation umfasste Kinder und Jugendliche vom 11. bis zum vollendeten 18. Lebensjahr.

Die Suchbegriffe orientierten sich an Begriffen im Zusammenhang mit der untersuchten Fragestellung. Die Suche wurde in deutscher und englischer Sprache durchgeführt.

Als deutsche Suchbegriffe wurden verwendet: „Tabak", „Tabak und Gesundheitsschäden", „Tabak und Prävention", „Tabak und Jugendliche", „Tabak und Jugendliche und Übergewicht", „Tabak und Prävalenz", „ Tabakkontrolle", „Tabak und Preis", „Tabak und Epidemiologie", „Tabak und Kosten", „Tabak und Zugangskontrolle", „Tabak und Werbeverbot", „Tabak und Steuer", „Tabak und Verteuerung", „Tabak und Verhältnisprävention", „Tabak und Verhaltensprävention", „Tabak und Verbote", „Tabak und Adoleszenz", „Tabak und Warnhinweise", „Jugendliche und Passivrauchen", „Nikotin und Jugendliche", „Rauchen und Jugendliche", „Rauchen und Zugangskontrolle", „Rauchen und Verbote", „Rauchen und Gesundheitsschäden", „Rauchen und Prävention", „Rauchverhalten und Jugendliche".

Als englische Suchbegriffe wurden verwendet: „Tobacco and control", „Tobacco and adolescent", „Tobacco and tax", „Tobacco and adolescent and obesity", „Tobacco and adolenscent and overweight", „Tobacco and minors", „Tobacco and ban", „Secondhand smoke and adolescent", „Smoking Initiation", „Smoking and Prevalence", „Tobacco and price", „Tobacco and marketing", „Tobacco and packaging", „Smoking behaviour and adolescent", „Smoking habits and adolescent", „youth smoking", „smoking and penalties".

Weitere Studien und Artikel wurden über das sogenannte „Schneeballsystem" in den Literaturverzeichnissen der identifizierten Literatur gefunden.

2.2 Bewertungskriterien

Die Präventionsmaßnahmen, die mittels der Literaturanalyse herausgestellt wurden, werden nach den Kriterien Zielgruppenansprache, Wirksamkeit und Effizienz bewertet.

Im Marketing, also beim Aufbau, der Aufrechterhaltung und Verstärkung der Beziehungen zum Kunden, wird unter einer Zielgruppe eine bestimmte Menge von Marktteilnehmern verstanden, die auf kommunikationspolitische Maßnahmen homogener reagieren als der Gesamtmarkt (vgl. Olbrich, 2009, S. 178). Eine gute **Zielgruppenansprache** bei der Tabakprävention liegt folglich dann vor, wenn die durchgeführten Maßnahmen bei der Zielgruppe homogener wirken als bei anderen Gruppen und sich die Wirkung auf die gesamte Zielgruppe erstreckt. Betrachtet werden hierbei die soziodemografischen Variablen wie Alter, Geschlecht und besuchte Schulform sowie das soziale Umfeld mit Schichtenzugehörigkeit, Freunden und Familie.

Eine präventive Maßnahme ist **wirksam**, wenn durch sie die angestrebten Ziele auch tatsächlich erreicht werden. Die Bewertung erfolgt anhand folgender Qualitätskriterien:

- Verringerung der Häufigkeit, mit der riskantes bzw. schädigendes Verhalten auftritt
- Minderung riskanter oder schädigender Umweltfaktoren
- Dauerhaftigkeit von erreichten Einstellungs- und Verhaltensänderungen

Das Kriterium der **Effizienz** wird herangezogen, um die Wirtschaftlichkeit einer Maßnahme zu prüfen. Dabei ist es zentral, dass Ressourcen sparsam eingesetzt werden. Bewertet wird auf zwei Ebenen: Einerseits wird gefragt, ob der Aufwand angemessen war, der benötigt wurde, um die Maßnahme umzusetzen. Andererseits wird geprüft, welche anderen Wege es gegeben hätte, um eine ähnliche Wirkung zu erzielen. Hier wird bewertet, ob eine Präventionsmaßnahme unspezifisch die gesamte Bevölkerung anspricht (universelle Prävention) oder lediglich eine ausgewählte Teilpopulation (selektive Prävention) angesprochen wird, die sich als Risikogruppe erwiesen hat.

Verhältnispräventive Maßnahmen können von ihrer Anlage her selten mit der höchsten Evidenzklasse untersucht werden (vgl. Hanewinkel; Morgenstern, 2013, S. 255). Ihre Evidenz beruht in der vorliegenden Literatur häufig ausschließlich auf Expertenmeinungen. Die geringe Aussagekraft der Studien zur Verhältnisprävention führt dazu, dass keine genauen Angaben darüber gemacht werden können, in welchem Umfang eine Maßnahme durchgeführt werden muss, um ein bestimmtes Resultat zu erzielen (vgl. ebd.). Es besteht z. B. unter Suchtexperten Einigkeit darüber, dass Tabak in Deutschland immer noch zu billig ist (vgl. RKI, BZgA, 2008, S. 80; Lampert, Kuntz, 2015a, S. 72; Adams, Effertz, 2011, S. 61; DKFZ, 2014b, S. 5). Weniger klar ist, um wie viel teurer der Tabak sein müsste, um den langfristigen Trend zu beeinflussen.

Dennoch ermöglicht die in der systematischen Literaturanalyse gefundene vorliegende wissenschaftliche Literatur, Handlungsfelder aufzuzeigen. Die Empfehlungen werden auf Grundlage einer überzeugenden oder wahrscheinlichen Bewertung als ausreichend fundiert erachtet.

3 Tabakprävention in Deutschland

Im folgenden Kapitel werden die bisherigen Präventionsmaßnahmen vorgestellt. Anschließend werden aktuell mögliche Präventionsmaßnahmen in Hinblick auf die in Kapitel 2.2 eingeführten Bewertungskriterien untersucht.

3.1 Maßnahmen der Tabakprävention

In den Jahren 2002 bis 2008 haben Bundes- und Landesregierungen in Deutschland zahlreiche Maßnahmen ergriffen, um den Tabakkonsum in der Bevölkerung zu verringern und Nichtraucher vor Passivrauchbelastungen zu schützen (vgl. Lampert; Kuntz, 2015a, S. 75). Diese werden im Folgenden vorgestellt.

Tabaksteuererhöhungen

In den Jahren 2002 bis 2005 gab es die ersten Tabaksteuererhöhungen, die deutlich über der normalen inflationsbedingten Preisentwicklung lagen. Von 2002 bis heute stieg die durchschnittliche Tabaksteuer um über 75 % (vgl. Schaller; Pötschke-Langer, 2012, S. 197). Ab 2011 wurden erneut jährliche Erhöhungen der Tabaksteuer umgesetzt, diese fielen jedoch mit nur ca. 4 bis 8 Cent pro Packung im Vergleich zu 2002 bis 2005 gering aus (vgl. Lampert; Kuntz; 2015a, S. 75). Die letzte Tabaksteuererhöhung trat zum Jahresbeginn 2015 in Kraft, weitere Erhöhungen sind derzeit nicht geplant (vgl. DKFZ, 2014a, S. 4). Die moderaten Steuererhöhungen im Zeitraum von 2011 bis 2015 dienten lediglich dazu, Einnahmelücken im Bundeshaushalt zu füllen – sie hatten keinen Lenkungseffekt (vgl. ebd.). In Kapitel 3.2.1 wird die Maßnahme der Tabaksteuererhöhung zur Tabakprävention umfassend dargestellt.

Verbesserung des Jugendschutzes

Mit der Abänderung des Jugendschutzgesetzes im Jahr 2002 wurde die Altersgrenze für den Kauf und öffentlichen Konsum von Tabakprodukten auf 16 Jahre heraufgesetzt. Zuvor gab es keine gesetzliche Handhabe, Jugendlichen unter 16 Jahren das Rauchen zu verbieten. Parallel dazu wurden bis Januar 2007 die Zigarettenautomaten zur alterskontrollierten Abgabe von Zigaretten umgerüstet (vgl. Schaller; Pötschke-Langer, 2012, S. 199 f.). Im gleichen Jahr wurde die Altersgrenze für Kauf und Konsum erneut heraufgesetzt, nun von 16 auf 18 Jahre. Das Verteilen von Gratiszigaretten ist seit 2004 verboten, auch der Einzelverkauf von Zigaretten wurde untersagt. Außerdem wurde die Mindestgröße von Zigarettenpackungen in zwei Stufen auf 19 Stück erhöht. Dadurch sollte den Jugendlichen der Zugang zu attraktiven Verkaufsmengen und Kleinverpackungen verwehrt werden (vgl. Mons; Pötschke-Langer, 2010, S. 146).

Schutz vor Passivrauchen

Durch eine Änderung der Arbeitsstättenverordnung wurde Beschäftigten im Jahr 2002 ein Schutz vor den Gesundheitsgefahren des Passivrauchens zugestanden. Im September 2007 trat das Bundesnichtraucherschutzgesetz in Kraft, das ein Rauchverbot in den Einrichtungen des Bundes, in öffentlichen Verkehrsmitteln und Bahnhöfen vorsieht. Erweitert wurde dieses Gesetz durch die Landesnichtraucherschutzgesetze, die in allen Bundesländern von August 2007 bis Juli 2008 in Kraft getreten sind. Die Gesetze der Bundesländer sehen Rauchverbote in öffentlichen Einrichtungen und Gebäuden der Länder wie Schulen, Krankenhäuser sowie in der Gastronomie vor. Das Bundesverfassungsgericht bestätigte im Juli 2008, dass der Gesundheitsschutz prinzipiell Vorrang vor ökonomischen Interessen hat (vgl. Mons; Pötschke-Langer, 2010, S. 146).

Werbeverbote

Bereits seit 1975 ist die Werbung für Tabakprodukte in Fernsehen und Hörfunk verboten. Seit 2002 verbietet zudem das Jugendschutzgesetz die Tabakwerbung im Kino vor 18 Uhr. Nachdem Deutschland als einziger europäischer Staat zusammen mit vier Tabakkonzernen gegen die EU-Tabakwerberichtlinie geklagt und im Jahr 2006 diese Klage endgültig verloren hat, ist seit 2007 auch die Tabakwerbung in Printmedien und im Internet verboten (vgl. ebd.). Zudem verbietet diese Richtlinie das Sponsoring von Rundfunkprogrammen und grenzüberschreitenden Veranstaltungen, wie z. B. internationalen Sportwettkämpfen. An der deutschen Klage gegen die EU-Tabakrichtlinie wurde deutlich, dass Tabakkonzerne einen weitreichenden Einfluss auf politische Entscheidungsträger auch in Deutschland haben (vgl. Kyriss et al., 2008, S. 315). Erlaubt sind in Deutschland immer noch die Tabakwerbung auf Plakaten und am Verkaufsort sowie im Kino nach 18 Uhr.

Warnhinweise

Im Jahr 2002 wurde durch die Tabakprodukt-Verordnung eine europäische Richtlinie über die Herstellung, die Aufmachung und den Verkauf von Tabakerzeugnissen umgesetzt. Diese Verordnung sieht die Verwendung der EU-Warnhinweise auf Zigarettenpackungen vor und verbietet die Verwendung von Begriffen wie „light" oder „mild", die den Eindruck geringerer Schädlichkeit erwecken sollen. Ein weiterer wichtiger Meilenstein ist die Anfang 2014 verabschiedete Neufassung der Tabakproduktrichtlinie (2014/40/EU), die bis Mai 2016 in nationales Recht übertragen wurde. Diese Richtlinie sieht u. a. kombinierte Warnhinweise („Schockbilder") vor, die 65 % der Vorder- und Rückseite einer Zigarettenschachtel einnehmen. Die Lesbarkeit der Warnhinweise wird durch deren Mindestgröße und die vorgeschriebene Packungsgröße garantiert (vgl. ebd., S. 76). Die EU-Mitgliedsstaaten können auch sogenannte Einheitspackungen vorschreiben (vgl. ebd.).

In den Jahren 2002 bis 2008 wurden zahlreiche verhältnispräventive Maßnahmen umgesetzt. In den Jahren danach wurden hingegen nur in einzelnen Bereichen Fortschritte erzielt (vgl. ebd., S. 75).

3.2 Bestandsaufnahme der Präventionsmaßnahmen

Im Folgenden werden drei der in Kapitel 3.1 genannten Maßnahmen der Tabakprävention näher betrachtet: Tabaksteuererhöhungen, Werbeverbote und Warnhinweise.

3.2.1 Tabaksteuererhöhungen

Ein grundlegendes wirtschaftliches Gesetz besagt, dass die nachgefragte Menge eines Gutes zurückgeht, wenn dessen Preis steigt. Lange Zeit ging die Forschung davon aus, dass Tabak aufgrund seiner suchtfördernden Eigenschaften davon eine Ausnahme bildet (vgl. DKFZ, 2003, S. 45). Raucher wären so süchtig, dass sie bereit sind, jeden Preis zu zahlen, um weiterhin die gleiche Anzahl an Zigaretten zu rauchen und dadurch ihre Bedürfnisse zu befriedigen. Verschiedene Untersuchungen zeigten jedoch, dass Preissteigerungen in Kanada, Großbritannien, Südafrika und anderen Ländern zu einem Rückgang des Tabakkonsums geführt haben (vgl. ebd., S. 46). Die Nachfrage der Raucher nach Tabakwaren wird also durchaus vom Preis beeinflusst.

Das Ausmaß der Veränderung der Nachfragemenge nach einem Gut, das auf eine Veränderung des Preises für dieses Gut hin erfolgt, wird als Preiselastizität der Nachfrage bezeichnet. Wenn z. B. eine zehnprozentige Erhöhung des Preises einen fünfprozentigen Rückgang der Nachfrage verursacht, beträgt die Preiselastizität 0,5. Je höher die Preiselastizität ist, desto stärker reagiert die Nachfragemenge auf den geänderten Preis.

Wenn der Preis eines Gutes steigt, werden Menschen mit niedrigem Einkommen im Allgemeinen eher ihren Konsum dieses Gutes verringern, als solche mit hohem Einkommen. Das gilt auch umgekehrt, d. h., Menschen mit niedrigem Einkommen werden bei sinkenden Preisen auch eher ihren Verbrauch wieder steigern (vgl. ebd., S. 48).

Es gilt seit den 1990er-Jahren als erwiesen, dass eine zehnprozentige Preiserhöhung des Zigarettenpreises in Industrienationen insgesamt zu einer durchschnittlichen Verringerung des Zigarettenkonsums um 4 % führt (vgl. DKFZ, 2003, S. 7), bei Jugendlichen und Personen mit Niedrigeinkommen sogar um bis zu 13 % (vgl. Chaloupka; Grossmann, 1996, S. 1; DKFZ, 2005a, S. 2). Diese Zahlen wurden 2011 durch Wissenschaftler der International Agency for Research on Cancer (IARC) in einer umfangreichen Studie bestätigt (vgl. IARC, 2011, S. 202 ff.).

Guindon et al. (2002) führen drei Gründe an, warum Jugendliche sensibler als Erwachsene auf Preiserhöhungen reagieren: Zum einen sind Jugendliche noch nicht so stark nikotinsüchtig wie Langzeitraucher und dadurch eher in der Lage, ihren Verbrauch zu verringern. Weiterhin sind Jugendliche dem Einfluss von Gleichaltrigen gegenüber empfänglicher als Erwachsene. Wenn ein Jugendlicher das Rauchen aufgibt, weil er es sich nicht mehr leisten kann, dann werden es die Freunde ihm eher gleichtun, als es für höhere Altersgruppen zu erwarten wäre. Guindon et al. (2002 S. 35) sprechen hier von einem Multiplikationseffekt:

> „Secondly, youth smoking is said to be determined more by peer behaviour than adult smoking – that is, an increase in price will first reduce the number of young smokers; then, through less peer smoking, it will again reduce the number of young smokers, hence multiplying the effect of price changes."

Drittens haben Jugendliche ein geringeres frei verfügbares Budget, das sie für Tabak ausgeben können (vgl. ebd., S. 35 f.). Zudem ist das Verhalten von Jugendlichen mehr auf das Hier und Jetzt ausgerichtet (vgl. DKFZ, 2003, S. 48). Sie machen sich daher eher Sorgen um den aktuellen Zigarettenpreis als um die Langzeitfolgen des Rauchens wie z. B. spätere Gesundheitsprobleme (vgl. IARC, 2011, S. 201).

Höhere Preise veranlassen Raucher, mit dem Rauchen aufzuhören, verhindern bei potenziellen Rauchern den Raucheinstieg und reduzieren den Konsum bei denjenigen, die Raucher bleiben – insbesondere bei den Jugendlichen und den Ärmeren (vgl. Chaloupka et al., 2012, S. 179).

Der Preis für Tabakwaren setzt sich zusammen aus dem Wirtschaftsanteil, der Umweltabgabe, der Tabaksteuer und der Mehrwertsteuer (vgl. Abbildung 3.1).

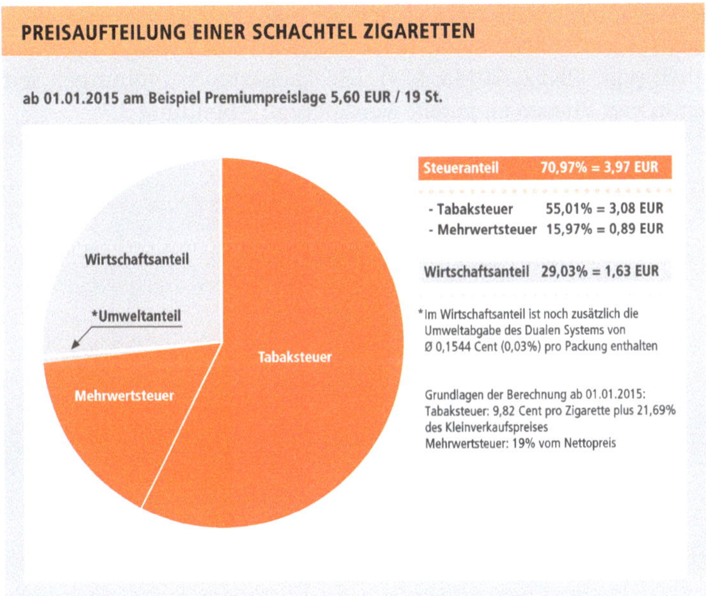

Abbildung 3.1: Preisaufteilung einer Schachtel Zigaretten (DZV, 2015)

Steuern auf Zigaretten und Tabakprodukte stellen eine Möglichkeit dar, deren Preis zu erhöhen und damit die Nachfrage zu senken. Steuern machen Tabakprodukte absolut und relativ gegenüber anderen Konsumgütern teurer (vgl. Effertz, 2014, S. 1). Im Rahmenübereinkommen der WHO zur Eindämmung des Tabakgebrauchs wird in Artikel 6 Absatz 1 festgestellt:

> „Die Vertragsparteien erkennen an, dass preisbezogene und steuerliche Maßnahmen ein wirksames und wichtiges Mittel zur Verminderung des Tabakkonsums in verschiedenen Bevölkerungsgruppen, insbesondere bei jungen Menschen, sind." (DKFZ, 2011, S. 19)

Der besondere präventive Effekt zur Senkung des Tabakkonsums wurde damit erstmals vertraglich anerkannt und diese Maßnahme nicht nur als bewährte Einnahmequelle des Staats angesehen (vgl. DKFZ, 2014a, S. 1).

Auch interne Dokumente der Tabakindustrie bestätigen die Effektivität von Tabaksteuererhöhungen als Möglichkeit von Regierungen, die bemüht sind, den Tabakkonsum ihrer Bevölkerung zu reduzieren (vgl. Chaloupka et al., 2002, S. i70).

In Deutschland sank der Zigarettenkonsum vor allem bei Jugendlichen seit den 2000er-Jahren erstmals seit Bestehen der Bundesrepublik deutlich. Preisrelevante Tabaksteuererhöhung waren hierfür maßgeblich verantwortlich (vgl. DKFZ, 2014a, S. 1). Die Tabaksteuererhöhungen seit 1997 können in vier Phasen eingeteilt werden (vgl. Abbildung 3.2).

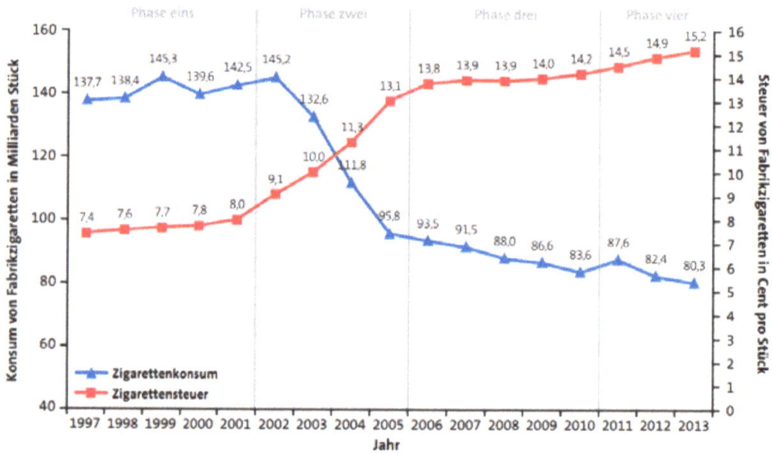

Abbildung 3.2: Entwicklung der Steuer und des Konsums von Fabrikzigaretten in Deutschland von 1997 bis 2013 (DKFZ, 2014a, S. 1)

- **Phase I: 1997 bis 2001:** Bis zur ersten deutlichen Tabaksteuererhöhung im Jahr 2002 stieg die Steuer pro Fabrikzigarette unwesentlich von 7,4 auf 8 Cent an (vgl. DKFZ, 2014a, S. 3). Jährlich wurden rund 140 Mrd. Zigaretten geraucht. Der Raucheranteil der 12- bis 17-jährigen Jugendlichen blieb in diesem Zeitraum konstant bei 28 % (vgl. ebd.).

- **Phase II: 2002 bis 2005:** Die Folgen des Anschlags vom 11. September 2001 führten zu einer Aufstockung des Sicherheitsbudgets in Deutschland. Finanziert werden sollten diese zusätzlichen Ausgaben durch Tabaksteuererhöhungen in den Jahren 2002 und 2003 – der Gesundheitsschutz der Bevölkerung spielte dabei keine Rolle (vgl. Farke; Gaßmann, 2003, S. 166). Die Steuererhöhung im Jahr 2002 von 8 auf 9,1 Cent (13,8 %) pro Fabrikzigarette wurde von den Herstellern nicht vollständig an die Verbraucher weitergegeben; der Durchschnittspreis stieg lediglich um 6,7 % (vgl. Plamper et al.,

2006, S. 661). Trotz Preiserhöhung nahm der Absatz an Fabrikzigaretten zu (vgl. ebd.). Auch die Tabaksteuererhöhung 2003 gab die Tabakindustrie nicht vollständig an die Konsumenten weiter, sondern reduzierte stattdessen erneut die eigene Gewinnspanne. Der Preis für eine Schachtel Zigaretten hätte sich um 22,04 Cent (7,35 %) erhöhen müssen - die Erhöhung betrug jedoch nur 20 Cent (vgl. Isensee; Hanewinkel, 2004, S. 774). Der Preis für Zigaretten aus dem Automaten blieb gleich (3 €); statt 19 waren jedoch nur noch 18 Zigaretten in der Schachtel - der Preisanstieg betrug 5,57 % (vgl. ebd.). Diese Steuererhöhung hatte keine nachweisliche Veränderung im Rauchverhalten der Jugendlichen zur Folge (vgl. ebd.). Die Erhöhung war zu gering ausgeprägt, um von den Rauchern bemerkt zu werden und der moderate Preisanstieg wurde von den Rauchern „gut verkraftet" (vgl. ebd., S. 778). Die Erhöhung der Tabaksteuer war zudem in der Öffentlichkeit weniger präsent als die Erhöhung im Vorjahr (vgl. ebd.). Da der Steuersatz für Feinschnittprodukte nur ein Drittel des Steuersatzes für Fabrikzigaretten betrug, stieg der Absatz von Feinschnittprodukten im Jahr 2003 um 20,2 % (= 4,7 Mrd. Zigaretten) und im Jahr 2004 um 30,5 % (= 8,4 Mrd. Zigaretten) (vgl. Plamper et al., 2006, S. 661). Die Preisdifferenz zwischen Fabrik- und Feinschnittzigaretten hat nahezu kontinuierlich zugenommen und lag im dritten Quartal 2005 bei durchschnittlich 13,7 Cent (vgl. ebd.). Diese Entwicklung hat sich u. a. dadurch bemerkbar gemacht, dass hochpreisige Zigaretten verstärkt durch Billigwaren substituiert wurden und Raucher zu einer günstigeren Marke bzw. zu selbstgedrehten Zigaretten wechselten (vgl. Isensee; Hanewinkel, 2004, S. 778). Von 2002 bis 2005 wurde die Tabaksteuer auf Fabrikzigaretten jährlich etwa um 10 bis 16 % erhöht - der Zigarettenpreis legte durch die Maßnahmen der Tabakindustrie jedoch nur jährlich um 7 bis 14 % zu (vgl. DKFZ, 2014a, S. 3). Kostete eine einzelne Zigarette im Jahr 2001 rund 14 Cent, erhöhte sich der Preis bis Ende 2005 auf 20 Cent. Der Zigarettenkonsum sank von jährlich 145 Mrd. Stück auf 96 Mrd. Stück (vgl. ebd.). Der Anteil der 12- bis 17-jährigen Raucher betrug im Jahr 2001 vor der ersten Steuererhöhung 28 %. Im Jahr 2005 sank die Zahl auf 20 % (vgl. ebd.). Neben der Preiserhöhung haben weitere Maßnahmen der Tabakkontrolle zu diesem Rückgang beigetragen: Im Jahr 2002 wurde die Tabakwerbung im Kino eingeschränkt, die Warnhinweise auf Zigarettenpackungen wurden vergrößert und seit 2003 dürfen Zigaretten nur noch an Personen ab

16 Jahren verkauft werden (vgl. ebd.). Seit 2004 dürfen zudem keine Gratiszigaretten mehr verteilt werden.

- **Phase III: 2006 bis 2010:** In diesem Zeitraum stieg die Steuer pro Fabrikzigarette unwesentlich von 13,8 auf 14,2 Cent (vgl. DKFZ, 2014a, S. 3). Der Gesamtkonsum sank weiterhin, jedoch nicht mehr so stark wie im Zeitraum 2002 bis 2005. Der Anteil der jugendlichen Raucher sank von 20 % im Jahr 2005 auf 18 % im Jahr 2007 und 13 % im Jahr 2010 (vgl. ebd.). Weitere Tabakkontrollmaßnahmen unterstützten den Trend zum Nichtrauchen in dieser Altersgruppe. So wurde im Jahr 2007 der Jugendschutz ausgeweitet: Zigaretten dürfen seitdem nur noch an Personen ab 18 Jahren verkauft werden und der Zugang zu Zigarettenautomaten wurde eingeschränkt. Tabakwerbung in Printmedien und im Internet wurde verboten, 2007 und 2008 traten zudem die Nichtraucherschutzgesetze des Bundes und der Länder in Kraft (vgl. ebd., S. 4).

- **Phase VI: 2011 bis 2015:** Seit dem Jahr 2011 gab es wieder Steuererhöhungen, die mit jährlich etwa 2 % jedoch sehr gering ausfielen (vgl. ebd.). Ergänzende Tabakkontrollmaßnahmen wie in den Phasen zwei und drei fehlten (vgl. ebd.). Im Jahr 2012 rauchten erstmals seit Langem wieder mehr Jugendliche (12 %) als im Vorjahr (vgl. ebd.). Die Steuererhöhung zum Januar 2015 war die letzte geplante Erhöhung, weitere Tabaksteuererhöhungen sind derzeit nicht geplant (vgl. ebd.).

Aus den Tabaksteuererhöhungen der Jahre 2002 bis 2015 lassen sich mehrere Schlüsse ziehen:

Tabaksteuererhöhungen sind wirksam

Tabaksteuererhöhungen stellen eine wirksame Maßnahme dar, um den Tabakkonsum der Bevölkerung, insbesondere bei Jugendlichen und Geringverdienenden, spürbar zu senken (vgl. DKFZ, 2014a, S. 1; Schaller, Pötschke-Langer, 2012, S. 1; Bader et al., 2011, S. 4127).

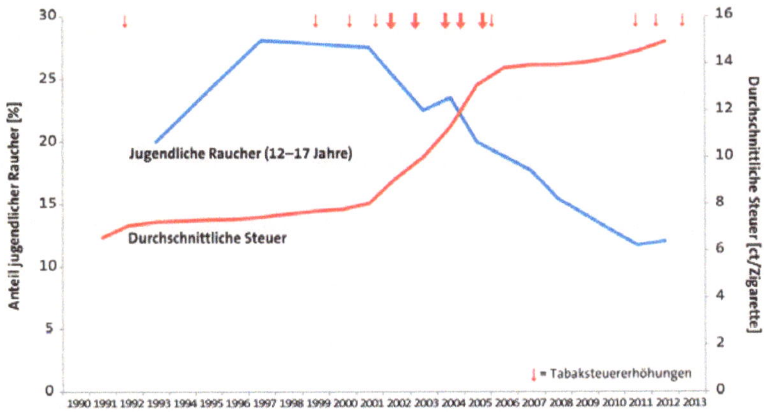

Abbildung 3.3: Anteil von Rauchern unter Jugendlichen in Deutschland und durchschnittliche Tabaksteuer (DKFZ, 2014b, S. 4)

Wie in Abbildung 3.3 zu erkennen ist, haben insbesondere die deutlichen Tabaksteuererhöhungen in den Jahren 2002 bis 2005 (Phase 2) zu einer deutlichen Reduktion der jugendlichen Raucher im Alter von 12 bis 17 Jahren geführt. Die Tabaksteuererhöhungen in diesem Zeitraum wurden von weiteren Maßnahmen der Tabakkontrollpolitik flankiert, was verdeutlicht, dass wirksame Tabakkontrollpolitik Maßnahmenbündel erfordert (vgl. Isensee; Hanewinkel, 2004, S. 778). Fehlen die ergänzenden Tabakkontrollmaßnahmen, muss mit einem Anstieg des Zigarettenkonsums gerechnet werden (vgl. DKFZ, 2014a, S. 4). Süchtige Raucher werden relativ langsam auf Preiserhöhungen reagieren, ihre Reaktion wird aber langfristig zunehmen (vgl. DKFZ, 2003, S. 46)

TABAKSTEUERERHÖHUNGEN MÜSSEN SPÜRBAR UND KONTINUIERLICH SEIN

Nur deutliche Steuererhöhungen wirken sich auf den Tabakkonsum aus, geringe hingegen nicht (vgl. DKFZ, 2014b, S. 3). Tabaksteuererhöhungen müssen sich in Preiserhöhungen für Verbraucher niederschlagen, um wirksam zu sein (vgl. Lampert, 2010, S. 116; Chaloupka, Wechsler, 1995, S. 21). Eine deutliche Verringerung des Zigarettenkonsums erfordert eine große und damit spürbare Steuererhöhung (vgl. Meier, Licari, 1997, S. 1126; Isensee, Hanewinkel, 2004, S. 778). Mit „spürbar" ist dabei gemeint, dass Steuererhöhungen vom Konsumenten auch als solche wahrgenommen werden müssen. Daher sollten sie mindestens so hoch wie der allgemeine jährliche Preisanstieg ausfallen, damit Tabakprodukte effektiv teurer werden (vgl. Effertz, 2014, S. 1). Die Steuern für Fabrikzigaretten erhöhten sich im Zeitraum von 2002 bis 2005 um über 60 %, gleichzeitig sank die nachgefragte Menge um etwa 29 %. Einen vergleichbaren Rückgang hat es in den letzten 25 Jahren durch andere Präventionsmaßnahmen nicht gegeben (vgl. ebd.). Insbesondere die Raucherquote der 12- bis 17-jährigen Jugendlichen hat sich um 27 % in den Jahren 2001 bis 2005 mit hohen Tabaksteuererhöhungen deutlich stärker verringert als das in den anderen Jahren der Fall war (vgl. ebd.; DKFZ, 2005a, S. 5).

Die Präventionswirkung von Tabaksteuererhöhungen wird abgeschwächt, wenn die Erhöhung der Tabaksteuer in kleinen Schritten und über einen längeren Zeitraum erfolgt (vgl. ebd., S. 2.). Durch geringe Steuererhöhungen wird lediglich die Inflationsrate ausgeglichen und nur eine geringe reale Preiserhöhung erzielt (vgl. Lampert; Burger, 2005, S. 1240). Moderate Steuererhöhungen sind für die Tabakkonsumenten kaum spürbar (vgl. Effertz, 2014, S. 2) und sehr wahrscheinlich nicht dazu geeignet, den Tabakkonsum bei Jugendlichen zu senken (vgl. DeCicca et al., 2002, S. 25).

Kontinuierliche und deutliche Tabaksteuererhöhungen können nicht dauerhaft von der Tabakindustrie abgefangen werden (vgl. DKFZ, 2014a, S. 4). Ein realer und dauerhafter Preisanstieg hat dabei langfristig einen doppelt so hohen Einfluss auf die Nachfrage wie kurzfristig (vgl. DKFZ, 2003, S. 46). Eine einzige, relativ hohe Steuererhöhung würde den Tabakkonsum kurzfristig stark senken, der Effekt würde sich aber im Laufe der Zeit verringern (vgl. Chaloupka; Grossmann, 1996, S. 24). Eine temporäre Preiserhöhung z. B. veranlasste 21 % der Jugendlichen in Massachusetts mit dem Rauchen aufzuhören; 26 % der Jugendlichen senkten ihre Kosten für das Rauchen (vgl. Biener et al., 1998, S. 1391).

Eine der effektivsten Maßnahmen, um Jugendliche von vornherein vom Rauchen abzuhalten, ist daher eine kontinuierliche Erhöhung der Tabaksteuer (vgl. DKFZ, 2008a, S. 47, Chaloupka et al., 2012, S. 178 f.).

Verglichen mit den anderen Ländern Europas, die laut der Tobacco Control Scale 2013 eine bessere Tabakkontrollpolitik haben (vgl. Joossens; Raw, 2014, S. 8), sind die Zigarettenpreise in Deutschland immer noch günstig. Zigaretten sind in Großbritannien und Norwegen mehr als doppelt so teuer (vgl. Abbildung 3.4).

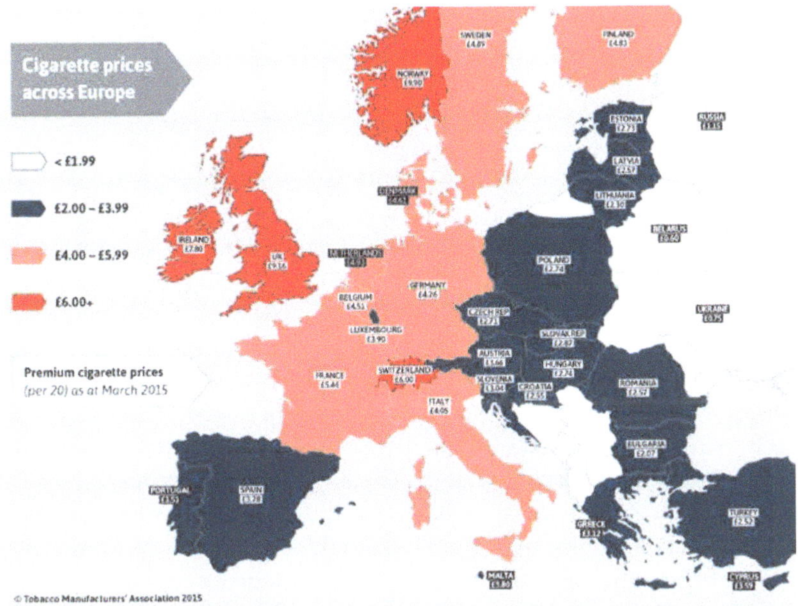

Abbildung 3.4: Zigarettenpreise in Europa Stand März 2015 (TMA, 2015)

ALLE TABAKPRODUKTE BRAUCHEN DIE GLEICHE STEUER

Die deutlich geringere Besteuerung von Feinschnitttabak im Vergleich zu Fabrikzigaretten führt dazu, dass Raucher nach Tabaksteuererhöhungen eher auf selbstgedrehte Zigaretten ausweichen als ihren Tabakkonsum zu reduzieren (vgl. DKFZ, 2014a, S. 4). Dieser Substitutionseffekt zeigte sich besonders im Jahr 2004, in dem der Absatz an Feinschnittprodukten um 30,5 % zunahm und den Effekt der Steuererhöhung – eine Absatzreduktion – deutlich reduziert hat (vgl. Plamper et al., 2006, S. 661; DKFZ, 2005a, S. 4). Feinschnitttabak sollte daher wie Fabrikzigaretten besteuert werden, um einer Substitution entgegenzuwirken (vgl. DKFZ, 2014a, S. 4; Plamper et al, 2006, S. 663). Eine Angleichung der Tabaksteuer für Feinschnittprodukte und die damit einhergehende Einschränkung der Verfügbarkeit preisgünstiger Alternativen würde vor allem der Tabakprävention von Jugendlichen dienen (vgl. DKFZ, 2005a, S. 6). Des Weiteren führt die Erhöhung des Preises für Fabrikzigaretten zu einem geringeren Konsum von Premium-, nicht jedoch von Billigmarken (vgl. Harris; Chan, 1999,

S. 81). Der Preis für Billigzigaretten sollte durch geeignete Steuern daher mindestens 70 % des Preises für Premiumzigaretten betragen (vgl. Chaloupka et al., 2012, S. 177). Alternativ sollte für Zigaretten einen Mindestpreis festgelegt werden (vgl. Bader et al., 2011, S. 4129).

Grenzen der Tabaksteuererhöhung: Obwohl an der prinzipiellen Wirksamkeit von Tabaksteuererhöhungen in der aufgefundenen Literatur keine Zweifel bestehen, gibt es doch Teilbereiche, in denen für die Wirkung höherer Tabakpreise nur wenig oder keine Beweise gefunden wurden. So scheinen höhere Tabakpreise nur wenig Einfluss auf das Verhalten von Jugendlichen zu haben, die sich in der „Experimentierphase" befinden und zunächst nur erste Erfahrungen mit dem Rauchen sammeln (vgl. IARC, 2011, S. 202; Emery et al., 2001, S. 268). In dieser Zeit rauchen Jugendliche nur sehr wenige Zigaretten und bekommen diese zumeist von rauchenden Freunden (vgl. ebd.). Da sie in dieser Phase also selbst noch keine Zigaretten kaufen, sind sie von höheren Tabakpreisen auch nicht betroffen. Erst wenn sie ein regelmäßiges Rauchverhalten entwickelt haben und sich dadurch der eigene Kauf von Zigaretten rechtfertigt, wird der Preis zu einem relevanten Einflussfaktor (vgl. Emery et al., 2001, S. 261). Bei diesen Jugendlichen wirken Tabaksteuererhöhungen lediglich indirekt dadurch, dass die sozialen Quellen aufgrund der höheren Preise versiegen.

Cawley et al. wiederum fanden keinen Beweis dafür, dass der Zigarettenpreis einen Einfluss auf die Entscheidung von Mädchen hat, mit dem Rauchen anzufangen (vgl. Cawley et al., 2004, S. 18). Hier scheint das Körpergewicht einen höheren Einfluss auf die Entscheidung zu haben. Lediglich bei stark untergewichtigen Mädchen ist der Raucheinstieg offenbar seltener (vgl. ebd., S. 17).

Ein höherer Tabakpreis scheint Hublet et al. zufolge auch prinzipiell keinen Einfluss auf die Rauchprävalenz von Mädchen zu haben, da diese überwiegend ihre Zigaretten aus sozialen Quellen (Familie, [ältere] Freunde) beziehen (vgl. Hublet et al., 2009, S. 1923).

Der Preis beeinflusst zudem wahrscheinlich eher die Entscheidung das Rauchen zu beginnen, als das Rauchverhalten bei denen zu verändern, die bereits mit dem Rauchen angefangen haben (vgl. Biener et al, 1998, S. 1391; Emery et al., 2001, S. 268; Auld, 2002, S. 19; IARC, 2011, S. 202). Unter den 15- bis 17-jährigen Jugendlichen reagieren Harris und Chan zufolge die gelegentlichen Raucher stärker auf den Preis als tägliche Raucher (vgl Harris; Chan, 1999, S. 81). Diese sind stärker nikotinabhängig und reagieren relativ langsam auf Preiserhöhungen (vgl. DKFZ, 2003, S. 46).

Tabaksteuererhöhungen sind vor allem deshalb bei Jugendlichen ein geeignetes Mittel zur Tabakprävention, da diese i. d. R. über geringere finanzielle Mittel verfügen und deshalb besonders sensibel auf Preiserhöhungen reagieren. Stehen den Jugendlichen höhere finanzielle Mittel zur Verfügung, so haben Preiserhöhungen deutlich geringere Auswirkungen. Jugendliche mit höherem realem wöchentlichen Einkommen rauchen im Durchschnitt deutlich öfter und mehr (vgl. Chaloupka; Grossman, 1996, S. 21).

Tabaksteuererhöhungen stoßen schließlich auch dann an ihre Grenzen, wenn Raucher die Möglichkeit zur Substitution durch Billigmarken haben (vgl. Harris; Chan, 1999, S. 81) oder – durch die deutlich geringere Besteuerung des Feinschnitttabaks im Vergleich zu Fabrikzigaretten – auf selbstgedrehte Zigaretten ausweichen können (vgl. DKFZ, 2014a, S. 4; Isensee, Hanewinkel, 2004, S. 778; Chaloupka et al., 2012; S. 175).

Unter den bisherigen Bedingungen ist die Wirkung von Tabaksteuererhöhungen zumindest teilweise begrenzt. Diese Grenzen können jedoch durch kontinuierliche und deutliche Erhöhungen der Tabaksteuern überwunden werden, entweder durch direkte Auswirkungen auf die rauchenden Jugendlichen oder durch indirekte Auswirkungen auf die sozialen Bezugsquellen in Familie und Freundeskreis.

3.2.2 Werbeverbote

> „To sell a product that kills up to half of its users requires extraordinary marketing savvy, and tobacco companies are some of the most manipulative product sellers and promoters in the world." (WHO, 2013, S. 23)

Tabakwerbung und Tabakindustrie

Der Ausdruck „Tabakwerbung" bedeutet im Sinne des Artikels 1c des Rahmenübereinkommens der WHO zur Eindämmung des Tabakgebrauchs

> „(...) jede Form der kommerziellen Kommunikation, Empfehlung oder Handlung mit dem Ziel, der Wirkung oder der wahrscheinlichen Wirkung, ein Tabakerzeugnis oder den Tabakgebrauch unmittelbar oder mittelbar zu fördern (...)" (DKFZ, 2011, S. 16).

Tabakwerbung ist erfolgreich. Der Marlboro-Mann von 1954 wurde von der Zeitschrift Advertising Age zur mächtigsten Markenikone des 20. Jahrhunderts erklärt. Die Kampagne steigerte den Absatz der Zigarettenmarke deutlich und machte sie schließlich 1972 zur bekanntesten Zigarettenmarke der Welt (vgl. Advertising Age, 1999).

Tabakwerbung beeinflusst nicht nur die Markenwahl bestehender Raucher, sondern erhöht auch die Gesamtnachfrage (vgl. DKFZ, 2002, S. 32) und den Tabakkonsum (vgl. Saffer; Chaloupka, 2000, S. 1134).

Der Tabakindustrie zufolge zielt die Tabakwerbung hingegen ausschließlich darauf ab, in einem gesättigten Markt, der in seiner absoluten Größe durch Werbung nicht zu beeinflussen ist, Raucher zu einem Markenwechsel zu bewegen oder sie von einem Markenwechsel abzuhalten (vgl. Jazbinsek, 2014, S. 277; Fiedler et al., 2014; S. 264). Die Werbung diene nicht zur Verleitung Heranwachsender zum Rauchen (vgl. DZV, o. J., S. 1). Da jedoch schon durch den normalen Alterungsprozess Konsumenten sterben, Langzeitraucher dabei etwa zehn Lebensjahre verlieren und empirische Untersuchungen zeigten, dass etwa 90 % der Raucher ein Leben lang ihrer gewählten Zigarettenmarke treu bleiben (vgl. Siegel et al., 1996, S. 14), müssen ständig neue Konsumenten geworben werden, um nicht Umsatz und Marktanteile zu verlieren (vgl. Hanewinkel, 2010, S. 89).

Gerade weil Raucher zu den Konsumentengruppen mit der höchsten Markentreue gehören, ist es aus ökonomischer Sicht für die Zigarettenhersteller zwingend notwendig, die Konsumenten möglichst früh anzusprechen, noch bevor sie eine Vorliebe für eine bestimmte Marke entwickelt haben (vgl. Jazbinsek, 2014, S. 277). Das Einstiegsalter in den regelmäßigen Tabakkonsum liegt derzeit bei 15 Jahren (vgl. Lampert; Kuntz, 2014, S. 833). Mögliche, zudem wahrscheinlich langjährige und markentreue Kunden nicht bedienen zu wollen, verstößt gegen die Interessen der Tabakindustrie (vgl. Fiedler et al., 2014, S. 262). Schlussendlich drängt die Zeit: Wer bis zum 21. Lebensjahr Nichtraucher ist, bleibt es mit großer Wahrscheinlichkeit sein Leben lang (vgl. DKFZ, 2001, S. 2).

Die aufgeführten Fakten lassen entgegen allen Beteuerungen der Tabakindustrie nur einen Schluss zu: Tabakwerbung soll Jugendliche zu Rauchern machen. Die Ansprache der Jugendlichen wird nur dann unterlassen, wenn die Nachteile (Strafgelder, Imageschaden) höher sind als die Erträge (vgl. Fiedler et al., 2014, S. 263).

Tabakwerbung in Deutschland

Für ein Produkt kann auf sehr unterschiedliche Art und Weise geworben werden. Unterschieden werden kann nach direkter (klassischer) und indirekter Werbung. Unter die direkte Werbung fallen dabei die Print-, Rundfunk-, Außen- und Kinowerbung. Maßnahmen wie Promotion, Sponsoring und Product-Placement fallen hingegen unter die indirekte Werbung. Schließlich kann auch über das Produktdesign (z. B. die Verpackung) Werbung für eine Marke betrieben werden (vgl. Hanewinkel,

2010, S. 89). Nach dem Inkrafttreten des Tabakwerbeverbots in Printmedien und im Internet Ende des Jahres 2006 kommt es zunehmend zu einer Verschiebung der Werbeausgaben der Tabakindustrie in die nicht regulierten Werbebereiche wie Außenwerbung und Promotion (Verkaufsförderung) (vgl. Lampert; Kuntz, 2015a, S. 83). Eine Übersicht bietet Abbildung 3.5.

	2005	2006	2007	2008	2009	2010	2011	2012	2013
Gesamte Werbeausgaben	182.329	79.900	128.942	192.769	222.262	199.089	200.883	220.761	205.639
Direkte Werbung	93.647	34.281	53.089	86.296	81.345	69.214	70.270	80.225	70.186
Werbung in Printmedien	21.661	8.612	436	504	1.536	719	345	235	300
Außenwerbung	51.995	20.020	49.190	78.010	70.983	66.798	68.133	75.986	69.807
Werbung im Kino	9.694	2.150	2.065	1.512	2	1.216	1.785	3.950	78
Werbung im Internet	2.891	2.756	295	188	277	1	7	4	1
Sonstige Werbung	4.960	712	1.103	6.005	8.494	480	0	50	0
Keine Zuordnung	2.426	31	0	77	53	0	0	0	0
Promotion	85.996	41.930	72.646	102.792	137.495	127.105	122.887	135.397	128.944
Sponsorship	2.686	3.689	3.207	3.681	3.422	2.770	4.517	5.139	6.509

Abbildung 3.5: Zusammenstellung der jährlichen Tabakwerbeausgaben (Drogenbeauftragte, 2015, S. 266)

Deutschland ist neben Bulgarien das letzte Land in der EU, in dem Außenwerbung für Zigaretten noch erlaubt ist (vgl. BMEL, 2015). Tabakwerbung im Kino nach 18 Uhr ist lediglich noch in Griechenland erlaubt. In Deutschland darf nach einem Beschluss des Bundeskabinetts vom April 2016 bis Juli 2020 weiter auf Plakatflächen und Litfaßsäulen für Zigaretten geworben werden. In Kinos soll das Werbeverbot dann bei allen Filmen gelten, die für Zuschauer unter 18 Jahren freigegeben sind. Die Werbung in Verkaufsstellen wird weiterhin erlaubt sein. Eine Übersicht der verbotenen und erlaubten Maßnahmen der Tabakwerbung in Deutschland bietet Abbildung 3.6.

Abbildung 3.6: Rechtliche Situation zur Tabakwerbung in Deutschland (DKFZ, 2012, S. 5)

Das Beispiel Kinderzigaretten macht dabei deutlich, dass sich indirekte Werbung oftmals unmittelbar an der Zielgruppe der Heranwachsenden orientiert. Kinderzigaretten aus Schokolade oder Kaugummi sind überall ohne Einschränkung erhältlich. Kinder lernen durch den Konsum dieser zigarettenähnlichen Süßwaren, Rauchen als normales Verhalten anzusehen (vgl. DKFZ, 2008b). Dabei ist ein Zusammenhang zwischen dem Konsum von Schokoladenzigaretten und dem späteren Raucheinstieg nachweisbar (vgl. ebd.). Bei 12-Jährigen, die Schokoladenzigaretten konsumieren, verdoppelt sich unabhängig vom Rauchverhalten der Eltern die Wahrscheinlichkeit, später selbst zum Raucher zu werden (vgl. ebd.). Obwohl Deutschland das Rahmenübereinkommen der WHO zur Eindämmung des Tabakgebrauchs ratifiziert und sich damit verpflichtet hat, den Verkauf von Süßigkeiten in Form von Tabakerzeugnissen zu verbieten, wurde dieses Verbot bisher nicht erlassen.

Tabakwerbung ist in Deutschland allgegenwärtig: Zigaretten und andere Tabakprodukte gibt es nahezu überall und zu jeder Zeit zu kaufen, sei es in Supermärkten, im Einzelhandel, an Tankstellen, in Zeitschriftenläden oder am Zigarettenautomaten (vgl. Abbildung 3.7).

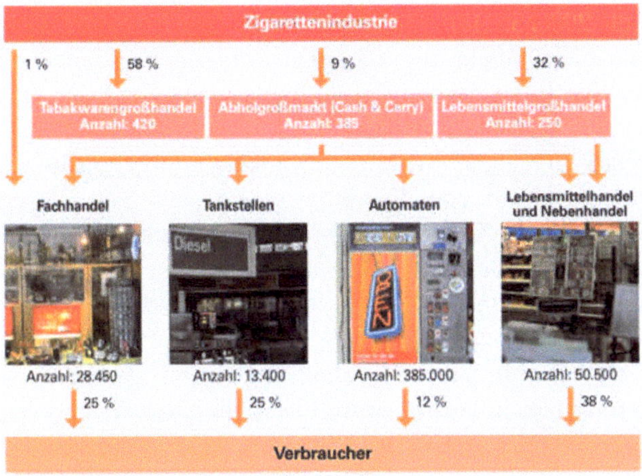

Abbildung 3.7: Hauptbezugsquellen von Tabakprodukten im Jahr 2010 (DKFZ, 2012, S. 31)

All diese Orte bieten der Tabakindustrie die Möglichkeit, für ihre Produkte zu werben, wobei der Verkaufsort (Point of Sale, POS) als Werbeträger immer wichtiger wird. In den USA verwenden die Zigarettenproduzenten mittlerweile rund 80 % der Marketingausgaben für Werbung am Verkaufsort (vgl. DKFZ, 2012, S. 28). Dabei stellen die Hersteller den Händlern auffälliges und immer wieder wechselndes Werbematerial zur Verfügung (vgl. ebd.).

Tabakprodukte haben im Einzelhandel meist einen gut sichtbaren Platz im Bereich des größten Kundenverkehrs. Die Platzierung in der Nähe der Kassen macht die Kunden während des Wartens mit den Marken vertraut und animiert sie zu Spontankäufen (vgl. ebd., S. 32).

Viele Jugendliche besuchen Lebensmittelgeschäfte mindestens einmal pro Woche auf dem Weg zur oder von der Schule (vgl. Henriksen et al., 2004, S. 2081). Es kommen auch Tabakläden in Betracht, die Schreibwaren anbieten und in denen sich Jugendliche ihre Schulmaterialien besorgen (vgl. DKFZ, 2012, S. 33). Die Jugendlichen werden mit Tabakwerbung konfrontiert und mit den beworbenen Marken vertraut gemacht (vgl. ebd.). Jugendliche, die der Tabakwerbung im Einzelhandel wöchentlich oder noch häufiger ausgesetzt sind, weisen eine um 50 % erhöhte Wahrscheinlichkeit auf, jemals zu rauchen – das ist fast ein genauso hoher Einfluss, wie ihn ein rauchendes Elternteil ausübt (vgl. Henriksen et al., 2004., S. 2082). Eine höhere Anzahl an Ladenbesuchen erhöht zudem die

Wahrscheinlichkeit, dass Jugendliche mit Zigaretten experimentieren (vgl. Wakefield et al., 2006, S. 346).

Ein bedeutsamer Nebeneffekt der Allgegenwärtigkeit von Tabakwerbung besteht in der Erhöhung der sozialen Akzeptanz des Produkts Zigarette und des Rauches (vgl. DKFZ, 2012, S. 3).

Das Vorhandensein von Zigaretten an der Kasse lässt Jugendliche verstärkt glauben, dass der Kauf von Zigaretten eine Leichtigkeit ist (vgl. Wakefield et al., 2006, S. 345). Das Vorhandensein von Tabakwerbung an der Kasse verringert für Jugendliche die wahrgenommene Wahrscheinlichkeit, nach einem Altersnachweis gefragt zu werden und verstärkt die Vorstellung über die Anzahl der Läden, die ihnen Zigaretten verkaufen würden (vgl. ebd.). Weiterhin lässt die Tabakwerbung an der Kasse sie glauben, dass Zigaretten leicht verfügbar und leicht zugänglich sind (vgl. ebd.).

Die allgegenwärtige Präsenz von Tabakwerbung an der Kasse stellt einen Risikofaktor für den Raucheinstieg bei Jugendlichen dar (vgl. Hanewinkel; Sargent, 2007, S. 235). Je öfter Jugendliche der Tabakwerbung an der Kasse ausgesetzt sind, desto größer ist die Wahrscheinlichkeit, dass sie mit dem Rauchen anfangen (vgl. ebd., S. 236; Paynter et al., 2009, S. 268). Unklar ist, ob Tabakwerbung am Verkaufsort Raucher vom Aufhören abhalten kann (vgl. Paynter et al., 2009, S. 33).

Wirkung von Werbeverboten im internationalen Vergleich

Die Wirkung von Werbeverboten kann sehr gut über einen Vergleich von Staaten festgestellt werden, die sich hinsichtlich ihrer Einschränkungen der Tabakwerbung unterscheiden. Quentin et al. haben den Tabakkonsum der Bevölkerung aus 22 hochindustrialisierten Ländern über längere Zeiträume hinweg verfolgt. Sie kamen zu dem Ergebnis, dass in Staaten, in denen ein absolutes Tabakwerbeverbot umgesetzt wurde, deutlich weniger Tabak konsumiert wird als in denen, die keine oder nur einige Werbebeschränkungen implementiert haben (vgl. Quentin et al., 2007, S. 306). Ein umfassendes Tabakwerbeverbot könnte Schätzungen zufolge den Tabakkonsum in hochindustrialisierten Staaten um 5,4 % und den Zigarettenkonsum um 7,4 % senken (vgl. Saffer; Chaloupka, 2000, S. 1135).

In einer weiteren Studie wurde die Entwicklung von Deutschland über einen Zeitraum von 26 Jahren mit vier Staaten verglichen, die im Unterschied zu Deutschland ein totales Werbeverbot für Tabakprodukte erlassen hatten. Alle vier Länder (Finnland, Frankreich, Norwegen, Neuseeland) hatten eine erheblich höhere Reduzierung des Tabakkonsums und der Prävalenzraten aufzuweisen als Deutschland (vgl. Hanewinkel;

Pohl, 2001, S. 111). Norwegen hatte dabei eine doppelt so hohe Reduzierung des Pro-Kopf-Verbrauchs aufzuweisen. In Finnland und Frankreich war die Reduktion mehr als dreimal so hoch; in Neuseeland war eine um 50 % höhere Reduktion als in Deutschland zu verzeichnen (vgl. ebd.). Das vollständige Werbeverbot für Tabakwaren hat sich in diesen Ländern langfristig bewährt (vgl. ebd.). Auch im Rahmenübereinkommen der WHO zur Eindämmung des Tabakgebrauchs wird in Artikel 13 (1) Folgendes festgestellt:

> „Die Vertragsparteien erkennen an, dass ein umfassendes Verbot der Werbung, der Verkaufsförderung und des Sponsorings den Konsum von Tabakerzeugnissen vermindern würde." (DKFZ, 2011, S. 26)

Das Rahmenübereinkommen wurde für Deutschland am 16. März 2005 rechtlich bindend. Deutschland hat diese Frist verstreichen lassen, ohne ein umfassendes Verbot der Tabakwerbung umzusetzen und ist somit seinen internationalen Verpflichtungen nicht nachgekommen (vgl. ABNR, 2010, S. 6). Dabei erkennt der Minister für den gesundheitlichen Verbraucherschutz an:

> „Zahlreiche wissenschaftliche Studien belegen, dass eine allgegenwärtige Werbung in der Öffentlichkeit den Einstieg in das Rauchen aktiv fördert. Deutschland ist neben Bulgarien das einzige Land in der Europäischen Union, in dem die Außenwerbung für Zigaretten noch erlaubt ist. Dies konterkariert unsere intensiven Bemühungen in der Tabakprävention gerade bei Kindern und Jugendlichen." (BMEL, 2015)

Die bereits bestehenden Werberestriktionen haben bei Jugendlichen einen verringerten Werbekontakt nach sich gezogen (vgl. Hanewinkel, 2010, S. 91). In einer großen Stichprobe unter 3.400 Schülern im Alter von 10 bis 17 Jahren im Jahr 2008 erkannten lediglich 24 % der Schüler die Marke Marlboro und 22 % die Marke Lucky Strike, während über die Hälfte der Schüler z. B. die Marke Jägermeister erkannte (vgl. Hanewinkel et al., 2010, S. 359).

Das Verbot der Tabakauslage am Verkaufsort (display ban) führte in Irland dazu, dass weniger als die Hälfte der Erwachsenen, die vor dem Verbot Zigarettenpackungen beim Einkauf wahrnahmen, diese noch nach dem Verbot bemerkten (vgl. McNeill et al., 2011, S. 142). Bei Jugendlichen war der Rückgang noch deutlicher; hier gab nur noch ein Viertel der Befragten an, Zigaretten beim Einkauf gesehen zu haben (vgl. ebd.). Das Verbot schien zudem dazu zu führen, dass das Rauchen bei Jugendlichen als weniger normal angesehen wurde (vgl. ebd.). Über ein Drittel der Jugendlichen gab bereits zwei Monate nach dem Inkrafttreten des Verbots an, dass die Entfernung der Zigarettenschachteln aus dem Sichtfeld es ihnen einfacher macht, nicht zu rauchen (vgl. ebd.).

Wirkung der Tabakwerbung auf Jugendliche

Heranwachsende sind täglich und in großem Umfang den Marketinganstrengungen der Tabakindustrie ausgesetzt (vgl. Geckova et al., 2002, S. 84; Hanewinkel, Sargent, 2007, S. 471). Eine große Anzahl wissenschaftlicher Studien kommt fast ausnahmslos zu dem Ergebnis, dass Zigarettenwerbung den Einstieg Heranwachsender in den Zigarettenkonsum fördert (vgl. Hanewinkel et al., 2011, S. e276; Lovato et al., 2011, S. 11; Paynter et al., 2009, S.25; DiFranza et al., 2006, S. e1237; Biener, Siegel, 2001, S. 210).

Dabei gibt es das sogenannte Dosis-Wirkungsprinzip: Je mehr Zigarettenwerbung die Heranwachsenden sehen, desto wahrscheinlicher ist es auch, dass sie selbst zur Zigarette greifen (vgl. Lovato et al., 2011, S. 11; Hanewinkel, 2010, S. 91; DiFranza et al., 2006, S. e1244): Das Risiko verdoppelt sich nahezu (vgl. Lovato et al., 2011, S. 11; Hanewinkel, 2010, S. 91).

Einige Studien weisen darauf hin, dass Tabakwerbung hinsichtlich der Entscheidung Jugendlicher, mit dem Rauchen anzufangen sogar einen höheren Einfluss haben könnte als der Einfluss rauchender Gleichaltriger oder rauchender Familienmitglieder (vgl. Geckova et al., 2002, S. 84; Evans et al., 1995, S. 1538).

Ein Beispiel dafür, dass Zigarettenwerbung auf Minderjährige abgestimmt ist und auf diese auch besonders wirkt, ist die „Be Marlboro"-Kampagne des Zigarettenherstellers Philip Morris (2011–2012), die von Jazbinsek (2014) untersucht wurde. Marlboro, die bekannteste Zigarettenmarke der Welt, wurde im Jahr 2011 demnach einem grundlegenden Imagewechsel unterzogen; als Testmarkt für die Kampagne wurde Deutschland gewählt. Ziel war die Erhöhung des Marktanteils in der Gruppe der 18- bis 24-jährigen Deutschen. Dafür wurden allein 2012 rund 50 Millionen Euro in Außenwerbung und Kinospots investiert.

Von Philip Morris wurde bestritten, dass sich die neue Werbung in irgendeiner Weise auf das Rauchverhalten von Minderjährigen ausgewirkt hat (vgl. Jazbinsek, 2014, S. 269 ff.).

Nach einer Umfrage unter 1.000 Jugendlichen im Alter von 14 bis 17 Jahren hatte die Kampagne jedoch bei den Minderjährigen ähnlich hohe Aufmerksamkeitswerte erzielt wie bei den jungen Erwachsenen (40 % vs. 57 %). Vor allem Mädchen haben die Motive wiedererkannt: Erstmals seit 15 Jahren stieg die Raucherquote unter weiblichen Teenagern (12 bis 15 Jahre) von 5,6 % im Jahr 2011 auf 8 % im Jahr 2012 an. Eine mögliche Erklärung für die Wirkung der neuen Kampagne ist die Tatsache, dass die Jugendlichen die Fotomodelle für sehr viel jünger gehalten haben als sie Philip Morris zufolge wirklich sind. Das Landratsamt München hat die Kampagne im Oktober 2013 als Verstoß gegen die Jugendschutzbestimmungen gewertet und die Fortführung untersagt.

Marlboro war unter den 14- bis 17-jährigen Jugendlichen im Jahr 2012 die Zigarette mit dem höchsten Marktanteil (21 %). Philip Morris begann 2013 damit, die in Deutschland getesteten Bildmotive und Werbeslogans weltweit einzusetzen (vgl. Jazbinsek, 2014, S. 269 ff.).

Jugendliche sind durch Tabakwerbung besonders gefährdet. Das erste Probieren von Zigaretten erfolgt in der Pubertät und damit in der Lebensphase der Identitätsbildung. In dieser Phase bestehen große Unsicherheiten über das eigene Selbst, da es noch nicht stabil ausgebildet ist (vgl. Hanewinkel, 2010, S. 90). Jugendliche sind in dieser Zeit sensitiver für Signale und Symbole des Erwachsenseins (vgl. ebd.). Tabakwerbung ist allgegenwärtig und daher auch in der Umgebung von Jugendlichen unvermeidbar. Die meisten Jugendlichen werden dennoch nicht zu Rauchern. Die Bilder und Symbole der Werbung wirken nämlich deutlich eher auf an sich selbst zweifelnden Heranwachsenden. Diese suchen nach einer Identität, die ihnen von den für diesen Zweck sorgfältig entworfenen Werbebotschaften angeboten wird: Das Rauchen von Zigaretten verspricht Abenteuer, Individualismus, Unabhängigkeit, Kultiviertheit und Sexualität (vgl. ebd.; Shadel et al., 2008, S. 757; Biener, Siegel, 2001, S. 210). Jugendliche besitzen zudem im Vergleich zu Erwachsenen geringere kognitive Fähigkeiten und Bewältigungsstrategien, um sich gegen die ausgeklügelten Werbestrategien der Tabakindustrie wehren zu können (vgl. Pechmann et al., 2005, S. 211 f.).

Grenzen eines totalen Werbeverbots

Tabakwerbeverbote allein sind nicht dazu geeignet, das Verhalten oder den Verbrauch bei bereits rauchenden Jugendlichen und Erwachsenen spürbar zu beeinflussen. Hier bedarf es begleitender Maßnahmen der Tabakkontrollpolitik, vor allem Tabaksteuererhöhungen (vgl. Kapitel 3.2.1).

Trotz umfassender Tabakwerbeverbote wären zudem Zigaretten und Rauchhandlungen für deutsche Heranwachsende weiterhin allgegenwärtig, denn Jugendliche sind Tausenden von Rauchszenen in Film und Fernsehen ausgesetzt: In 74,6 % der in einer Studie ausgewerteten 409 deutschen und internationalen Kinofilme der Jahre 1994 bis 2004 kamen Tabakrauchereignisse vor (vgl. Hanewinkel, 2007, S. 12). Ein selteneres

Auftreten (44 %) kam immerhin in Animations- und Zeichentrickfilmen vor (vgl. ebd.). Das Rauchen in Filmen und Fernsehen wird als Risikofaktor für das erste Experimentieren mit dem Rauchen im Jugendalter aufgefasst (vgl. ebd., S. 25). Die meisten Stars der Jugendlichen mit Raucherfahrung hatten in Filmen und im Privatleben geraucht (vgl. ebd., S. 21). Abhilfe könnte hier die Aufnahme des Rauchens als ein Kriterium zur Beurteilung neuer Filme durch die Freiwillige Selbstkontrolle der Filmwirtschaft gemäß § 14 JuSchG FSK schaffen (vgl. ebd., S. 26).

Von den Werbeverboten bisher nicht erfasst sind zudem die Zigarettenverpackungen, die ebenfalls Werbeträger sind (vgl. DKFZ, 2012, S. 38). Die Zigarettenverpackung wird dabei für die Hersteller umso bedeutsamer, je mehr und je umfangreichere Werbeverbote in Kraft treten (vgl. USDHHS, 2012, S. 531 f.).

3.2.3 Warnhinweise

Welche Möglichkeiten es gibt, Tabakwerbung auf den Verpackungen wirksam zu unterbinden, wird im folgenden Kapitel behandelt.

Verpackung als Werbeträger

Die Verpackung eines Produkts dient dem Schutz des Produkts bei Lagerung und Transport, hat jedoch im Zuge steigender Produktvielfalt zunehmend eine verkaufsunterstützende Funktion bekommen. Die Verpackung vermittelt einen ersten Eindruck vom Produkt und soll durch die Designelemente wie Markennamen, Logo, Farbgebung und Form einen hohen Wiedererkennungswert schaffen (vgl. DKFZ, 2009a, S. 15). Eine ansprechende Verpackung kann Bedürfnisse wecken und zu Spontankäufen animieren; häufig gibt sie den letzten Anstoß für den Kaufentschluss (vgl. ebd.).

Sobald jegliche andere Form der Tabakwerbung verboten ist, ist die Verpackung selbst der letzte verfügbare Werbeträger. Dessen ist sich die Tabakindustrie schon seit Langem bewusst:

> „Our final communication vehicle with our smoker is the pack itself. In the absence of any other Marketing messages, our packaging – comprised of the trademark, our design, color and information – is the sole communicator of our brand essence. Put another way – when you don´t have anything else – our packaging is our Marketing." (Hulit, 1994, S. 21)

Für die Marketingfunktion der Verpackung sind alle eben aufgeführten Designelemente wichtig; eine besondere Bedeutung kommt der Farbgebung zu. Sie enthält verschiedene Metainformationen über die jeweilige

Zigarettensorte und ermöglicht die gezielte Ansprache der einzelnen Käufergruppen. Die Packungsfarbe kann die Geschmackswahrnehmung des Verbrauchers beeinflussen: So steht rot meist für intensiven Geschmack, grün für Mentholzigaretten und weiß (klinisch rein) für Zigaretten mit geringem Teergehalt (vgl. DKFZ, 2009a, S. 17). Gold und Silber sollen eine hohe Qualität suggerieren, Pastellfarben werden bei Zigaretten mit geringerem Nikotingehalt oder milderem Geschmack verwendet (vgl. ebd.). Die suggestive Farbgebung vermittelt hierbei den falschen Eindruck, dass Zigaretten in pastellfarbenen Verpackungen weniger gesundheitsschädlich sind (vgl. DKFZ, 2010b, S. 1).

Mit besonderen Verpackungen erreicht die Tabakindustrie zudem eine zielgruppenspezifische Ansprache. Für Mädchen und Frauen wurden in den vergangenen Jahren Zigarettenpackungen mit femininem Design entwickelt; die Verpackungen sind oft schlanker und länger und in helleren Farbtönen gehalten (vgl. DKFZ, 2010b, S. 2; DKFZ, 2009a, S. 18). Insbesondere die schlanken Zigarettenpackungen werden gezielt dazu genutzt, Mädchen und junge Frauen anzusprechen, die sich um ihr Gewicht sorgen (vgl. Hammond, 2009, S. 4). Gerade heranwachsende Mädchen, die ein hohes Risiko haben, mit dem Rauchen anzufangen, glauben am ehesten daran, dass diese Zigarettenmarken von schlanken und attraktiven Frauen geraucht werden (vgl. Doxey; Hammond, 2011, S. 357). Damit manipuliert die Tabakindustrie einen Schlüsselwert für den Raucheinstieg heranwachsender Mädchen (vgl. ebd., S. 359).

Jugendliche achten sehr auf die Nuancen der Markenkennzeichnung (vgl. McCool et al., 2012, S. 1273) und erkennen Zigarettenmarken sehr häufig wieder (vgl. Hammond, 2009, S. 3). Das Packungsdesign hat einen besonderen Einfluss auf Jugendliche und junge Erwachsene (vgl. ebd.).

Eine wirksame Maßnahme gegen diese fortgesetzte Tabakwerbung wäre die Einführung einer standardisierten **Einheitsverpackung** (vgl. Moodie et al., 2009, S. 6; DKFZ, 2010b, S. 1). Eine solche Einheitsverpackung (plain packaging) ist werbe- und verkaufsneutral gestaltet und verwendet ein einheitliches Design mit festgelegter Schriftart, Schriftgröße, Packungsgrundfarbe (vgl. DKFZ, 2010b, S. 1). Dadurch wirkt die Verpackung weniger attraktiv auf den potenziellen Käufer und verhindert, dass dem Käufer der falsche Eindruck vermittelt wird, ein Produkt sei weniger gesundheitsschädlich (vgl. USDHHS, 2012, S. 532). Einheitsverpackungen reduzieren auch den Glauben, dass ein Zusammenhang zwischen Rauchen und Gewichtskontrolle besteht (vgl. ebd.) und könnten eine wirksame Maßnahme darstellen, den Raucheinstieg zu verhindern (vgl. McCool et al., 2012, S. 1273). Nicht zuletzt würden Einheitspackungen weniger von den Warnhinweisen auf den Packungen ablenken (vgl.

Moodie et al., 2009, S. 6) und damit die Wirkung der Warnhinweise verbessern (vgl. USDHHS, 2012, S. 532).

Eine Einheitsverpackung, die keine Designelemente der Tabakindustrie mehr zulässt, könnte demnach gut zur Tabakprävention genutzt werden.

Funktion von Warnhinweisen als Furchtappelle

Warnhinweise sollen durch Texte und/oder Bilder die schädlichen gesundheitlichen und psychosozialen Effekte von Tabakprodukten beschreiben. Dabei dienen Warnhinweise zwei unterschiedlichen Zwecken: Zum einen liefern sie Gesundheitsinformationen über die Risiken des Tabakkonsums. Vielen Rauchern sind die Konsequenzen des Rauchens nicht vollständig bekannt, daher können Warnhinweise eine wichtige Funktion bei der Aufklärung besitzen. Dies gilt auch in Ländern, in denen Verbraucher als gut informiert gelten (vgl. Pötschke-Langer; Schulze, 2005, S. 464).

Warnhinweise haben eine große Reichweite (vgl. Hammond, 2011, S. 334). Auf Zigarettenschachteln erreichen sie grundsätzlich jeden Raucher unmittelbar und direkt (vgl. Pötschke-Langer; Schulze, 2005, S. 464). Ein Raucher mit einem täglichen Konsum von einer Schachtel Zigaretten wird pro Jahr mindestens 7.000- bis 8.000-mal mit Warnhinweisen konfrontiert – keine andere Aufklärungsmaßnahme weist eine größere Reichweite auf (vgl. ebd.). Zum anderen sollen Warnhinweise einen Einfluss auf den Gebrauch von Tabak nehmen. Warnhinweise sollen Raucher zum Aufhören animieren, Nichtraucher vom Raucheinstieg abhalten und Ex-Raucher vom erneuten Rauchen abhalten (vgl. Institute for Global Tobacco Control, 2013, S. 1). Warnhinweise sind eine wichtige und verlässliche Quelle für Gesundheitsinformationen (vgl. Vardavas et al., 2009, S. 5; Hammond et al., 2004, S. 1444) und steigern das Wissen über die Schädlichkeit von Tabak (vgl. Hammond et al., 2007, S. 207).

Warnhinweise schrecken Jugendliche und Erwachsene davon ab, mit dem Rauchen anzufangen, das Rauchen zu probieren (White et al., 2008, S. 1568) oder sich wirklich eine Zigarette zu nehmen, wenn sie gerade rauchen wollen (vgl. Moodie et al., 2009, S. 5). Dabei funktionieren Warnhinweise auf der Basis von Furchtappellen:

> „Unter Furchtappellen werden persuasive Botschaften verstanden, welche dem Empfänger mitteilen, daß für ihn relevante Werte (wie Leben, Gesundheit, Eigentum etc.) bedroht sind. Furchtappelle bestehen aus verbalem oder nonverbalem Material, welche beim Empfänger Furcht auslösen und hierdurch Einstellungs- oder Verhaltensänderungen bewirken sollen." (Barth; Bengel, 1998, S. 51)

Furchtappelle wurden schon im Altertum durch Prediger und Lehrer genutzt und finden auch heute noch Anwendung bei Ärzten, Eltern, Polizei und Politikern (vgl. Witte; Allen, 2000, S. 607). Dabei gilt allgemein, dass die Furchtappelle umso überzeugender sind, je stärker die durch sie hervorgerufene Angst ist (vgl. ebd., S. 601). Furchtapelle scheinen dabei aber nur solange ein guter Motivator zu sein, wie die betroffene Person glaubt, selbst in der Lage zu sein, sich durch geeignete Maßnahmen schützen zu können (vgl. ebd., S. 607).

Furchtappelle können den Verlust eines relevanten Werts (loss-framed) in den Vordergrund stellen („Rauchen verursacht Lungenkrebs") oder aber den Gewinn (gain-framed), der durch das gewünschte Verhalten erzielt werden kann („Wenn Du täglich eine Schachtel Zigaretten rauchst, sparst du durch das Aufhören 1.800 Euro im Jahr").

Bei Jugendlichen scheinen solche Warnhinweise zu wirken, die den Verlust eines Werts in den Vordergrund stellen (vgl. Goodall; Appiah, 2008, S. 125). Diese Art der Warnhinweise macht Zigaretten für sie weniger attraktiv und könnte ein wirksames Mittel sein, sie vom Rauchen abzuhalten oder sie mit dem Rauchen aufhören zu lassen (vgl. ebd.). Ebenfalls scheinen sie einen positiven Einfluss auf ihre Einstellungen zum Rauchen zu haben (vgl. ebd., S. 117).

Jugendliche scheinen sich weniger für die langfristigen Konsequenzen des Rauchens zu interessieren (vgl. ebd., S. 125). Da es bei ihnen weniger wahrscheinlich als bei Erwachsenen ist, dass sie den Wert ihrer Gesundheit schätzen, scheinen simple Aussagen über die Gesundheitsrisiken des Rauchens für sie nicht so relevant zu sein (vgl. Strahan et al., 2002, S. 185). Es ist daher von großer Bedeutung, Inhalte für die Warnhinweise zu verwenden, die für die Jugendlichen relevant sind und mit denen sie sich identifizieren können (vgl. Goodall; Appiah, 2008, S. 125).

So sind Heranwachsende besorgt über ihr Aussehen, z. B. die Auswirkungen des Rauchens auf ihre Zähne (vgl. ebd.). Zudem neigen Menschen generell dazu, die Erwartungen der wichtigen Menschen in ihrem Leben zu erfüllen (vgl. Strahan et al., 2002, S. 185). Hier erscheint es daher sinnvoll, die negativen sozialen Konsequenzen hervorzuheben, die das Rauchen verursacht („Rauchen verursacht gelbe Zähne und schlechten Atem") (vgl. ebd.).

Da schließlich nicht jede Nachricht gleich gut auf alle Individuen oder Zielgruppen wirkt, erlaubt eine höhere Anzahl unterschiedlicher Warnhinweise eine bessere Zielgruppenansprache (vgl. Hammond, 2011, S. 334).

Textliche Warnhinweise: In Deutschland und der gesamten Europäischen Union sind seit dem 1. Januar 2004 gemäß der EU-Richtlinie 2001/37/EG auf zum Rauchen bestimmten Tabakprodukten textgestützte Warnhinweise vorgeschrieben. Gemäß Artikel 5 dieser Richtlinie muss einer von drei allgemeinen Warnhinweisen („Rauchen ist tödlich", „Rauchen kann tödlich sein" oder „Rauchen fügt Ihnen und den Menschen in Ihrer Umgebung erheblichen Schaden zu") auf der am ehesten ins Auge fallenden Packungsbreitseite angebracht werden und dort mindestens 30 % der Breitseite einnehmen. Die Warnhinweise müssen abwechselnd verwendet werden. Auf der anderen Breitseite muss einer von 14 ergänzenden Hinweisen (z. B. „Raucher sterben früher") abwechselnd angebracht werden und mindestens 40 % der Breitseite einnehmen (vgl. DKFZ, 2009a, S. 9). Damit liegt die Größe der europäischen Warnhinweise hinter den Empfehlungen des Rahmenübereinkommens der WHO zur Eindämmung des Tabakgebrauchs. Hier wird in Artikel 11 eine Sollgröße von 50 % der Hauptflächen und die Einführung bildgestützter Warnhinweise empfohlen (vgl. DKFZ, 2011, S. 22). Nach der Einführung der EU-Textwarnungen zeigten Studien einen signifikanten Einfluss auf die Versuche von jugendlichen Rauchern, mit dem Rauchen aufzuhören, sowie auf die Neigung von Rauchern, Zigaretten zu kaufen (vgl. Vardavas et al., 2009, S. 4). Einer Studie zufolge setzen sich in Großbritannien jedoch wenige Jugendliche tiefer mit den Warnhinweisen auseinander; nur 6 % der regelmäßigen Raucher hörten in Folge der Warnhinweise mit dem Rauchen auf (vgl. Moodie et al., 2009, S. 5).

Über die Jahre hat sich die Wirksamkeit der textlichen Warnhinweise insbesondere in den südlichen EU-Ländern reduziert, weil die Warnungen mittlerweile als alt und langweilig empfunden werden (vgl. ebd.; Gallopel-Morovan et al., 2009, S. 10). Die Warnhinweise lassen sich zudem leicht durch spezielle Umverpackungen abdecken. Scheinbar gibt es bei Texthinweisen einen Sättigungseffekt (ceiling effect), bei dem trotz zunehmender Größe der Warnhinweise keine weitere Steigerung der Wirkung erreicht werden kann (vgl. Moodie et al., 2009, S. 6).

Anschaulichere Warnungen, die Text und Bild kombinieren, können ihre Wirksamkeit länger aufrechterhalten als weniger prominente Warnungen (vgl. Vardavas et al., 2009, S. 4; Strahan et al. 2002, S. 183).

Bildgestützte Warnhinweise: In einer Literaturauswertung, die insgesamt 94 internationale Studien einbezog, erwiesen sich in fast allen Studien (91) kombinierte Warnhinweise den reinen Texthinweisen als überlegen (vgl. Hammond, 2011, S. 329 ff.). Zum gleichen Ergebnis kommt neben vielen anderen Berichten (vgl. Vardavas et al., 2009, S. 4; Noar et al., 2015, S. 12) der Bericht des International Tobacco Control Policy Evaluation Projects (ITC), bei dem die Daten aus 19 Ländern ausgewertet wurden, darunter sieben europäische (vgl. ITC, 2012, S. 8 ff.). Warnhinweise wirken diesen Berichten zufolge in den Ländern deutlich besser, in denen statt textlicher bildliche Warnhinweise auf den Tabakverpackungen aufgebracht sind. Unabhängig vom dargestellten Motiv der Warnhinweise bewerteten Jugendliche die bildlichen Warnhinweise als wirksamer, sie vom Rauchen abzuhalten und sie über die Gesundheitsfolgen des Rauchens zu informieren (vgl. Vardavas et al., 2009, S. 4). Hier gilt offenbar das Sprichwort: „Ein Bild sagt mehr als tausend Worte."

Die reinen Texthinweise in Deutschland und den Niederlanden haben laut ITC-Bericht die geringste Wirkung hinsichtlich der Wahrnehmung der Hinweise, des Nachdenkens über Gesundheitsrisiken, der Anstrengung, die Gesundheitswarnungen zu vermeiden und des Anteils der Raucher, die mit dem Rauchen aufhören (vgl. ITC, 2012, S. 8 ff.). Die beste Wirksamkeit wurde in Ländern wie Mauritius, Thailand und Brasilien beobachtet, die große kombinierte Warnhinweise eingeführt haben (vgl. ebd.).

Im Bericht der Canadian Cancer Society liegt Deutschland daher wenig überraschend im Ranking der Länder hinsichtlich der Wirksamkeit der Warnhinweise lediglich auf Rang 92 – zusammen mit anderen europäischen Ländern wie Griechenland, Dänemark und Italien (vgl. Canadian Cancer Society, 2014, S. 8 ff.). Ursache hierfür sind das Fehlen von bildlichen Warnhinweisen und eine geringe durchschnittliche Fläche (35 %), die für Warnhinweise auf der Verpackung zur Verfügung steht.

Bildliche Warnhinweise nehmen auf Tabakverpackungen beim Spitzenreiter Thailand 85 % der Fläche auf Vorder- und Rückseite ein.

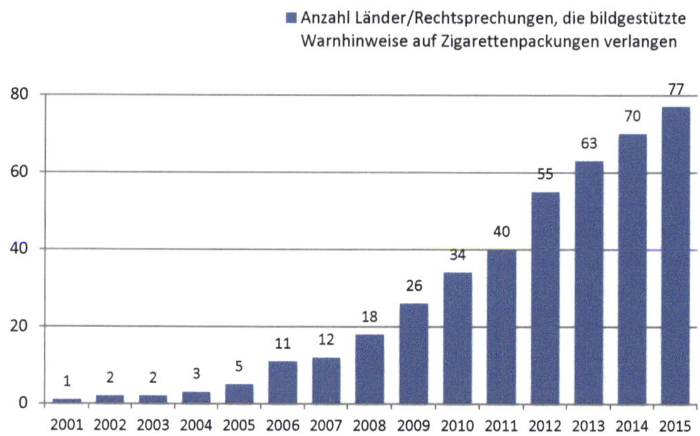

Abbildung 3.8: Anzahl der Länder/Jurisdiktionen, die bildliche Hinweise auf Zigarettenpackungen verlangen (Canadian Cancer Society, 2014, S. 5)

Im Jahr 2015 haben mittlerweile 77 Länder/Jurisdiktionen bildliche Warnhinweise eingeführt, während es bis zum Jahresende 2012 lediglich 55 Länder waren (vgl. Abbildung 3.8). Das erste Land, das bildliche Warnhinweise eingeführt hat, war Kanada im Jahr 2001 (vgl. ebd., S. 2). Auf der Grundlage einer Entscheidung der Europäischen Kommission vom 5. September 2003 dürfen die Mitgliedsstaaten der EU seit Oktober 2004 ebenfalls auf Farbfotografien aus einem gemeinsamen europäischen Pool zurückgreifen und diese Bilder den bisherigen textlichen Warnhinweisen hinzufügen, um so deren Effektivität zu erhöhen.

In einer Studie nach Einführung der bildgestützten Warnhinweise in Kanada wurde festgestellt, dass die Warnhinweise starke emotionale Reaktionen bei den Rauchern hervorgerufen haben und diese negativen emotionalen Reaktionen mit einer größeren Wirksamkeit der Warnhinweise verbunden waren (Hammond et al., 2004, S. 1444). Raucher, die bei der Befragung höhere Werte von Angst und Ekel angaben, hörten mit größerer Wahrscheinlichkeit auf zu rauchen, versuchten eher aufzuhören oder reduzierten ihren Konsum im weiteren Verlauf (vgl. ebd.).

Einige Befragte versuchten, die Warnhinweise zu meiden. Trotzdem war es bei ihnen nicht weniger wahrscheinlich, dass sie die Warnhinweise lasen, über sie nachdachten und ihr Rauchverhalten anschließend änderten (vgl. ebd.). Es konnte zudem kein „Bumerang-Effekt" festgestellt werden; die Raucher fühlten sich also nicht von den drastischen Darstellungen so sehr belästigt, dass sie als Reaktion darauf nun erst Recht zur Zigarette griffen (vgl. ebd.).

20 % der Raucher gaben an, als Folge der Warnhinweise weniger zu rauchen. Die Warnhinweise wurden zudem als verlässliche Quelle für Gesundheitsinformationen angesehen (vgl. ebd.).

Viele Ergebnisse dieser Studie wurden danach in weiteren Studien bestätigt. Anhand der vorliegenden Literatur kann es mittlerweile als wissenschaftlich gesichert gelten, dass bildgestützte Warnungen

- die Wirksamkeit von Warnhinweisen signifikant verbessern (vgl. Fong et. al, 2009, S. 642; Azagba, Sharaf, 2013, S. 708),
- den Zweck erfüllen, für den sie konzipiert wurden (vgl. Schneider et al., 2012, S. 81),
- einen statistisch signifikanten Einfluss auf geringere Rauchprävalenzen, geringere Absichten mit dem Rauchen anzufangen und erhöhte Aufhörversuche haben (vgl. Hammond, 2011, S. 334; Azagba, Sharaf, 2013, S. 715; Noar et al., 2015, S. 12) und
- auf Nichtraucher hinsichtlich Reaktion, Einstellung und Motivation eine ähnliche oder stärkere Wirkung als auf Raucher haben (vgl. Bühler et al., 2007, S. 5; Hammond, 2011, S. 334).

Bildgestützte Warnhinweise erzeugen höhere Werte an Angst und wahrgenommener Schwere der Bedrohung (vgl. Schneider et al., 2012, S. 82). Eine aktuelle Studie aus der Hirnforschung kommt zu dem Ergebnis, dass bildgestützte Warnhinweise mit den höchsten hervorgerufenen emotionalen Reaktionen größere neurale Aktivitäten in den Bereichen des Gehirns hervorrufen, die mit dem emotionalen Gedächtnis in Zusammenhang stehen – je größer dabei die hervorgerufenen emotionalen Reaktionen sind, desto geringer ist das Verlangen zu rauchen (vgl. Wang et al., 2015, S. 217 ff.)

Nicht eindeutig klar ist die Befundlage hinsichtlich unerwünschter Wirkungen bei Rauchern und Nichtrauchern, die sich von den abschreckenden Darstellungen belästigt fühlen und, statt auf sie einzugehen, erst recht rauchen. Einige Studien gehen davon aus, dass Abwehrreaktionen als Folge der Warnhinweise unvermeidlich sind (vgl. Ruiter, Kok, 2005, S. 329; Gallopel-Morovan et al., 2009, S. 10). Das „psychologische Immunsystem" versuche so, das positive Selbstbild aufrechtzuerhalten (Ruiter; Kok, 2005, S. 329). Hier wird auch von kognitiver Dissonanz gesprochen. Einer Literaturauswertung von Bühler et al. (2007) zufolge kann davon jedoch nicht die Rede sein:

> „Tatsächlich reagieren die Raucher mit Angst und Ekel und ein Drittel versucht, die Bilder zu vermeiden. Negative Emotionen fördern aber das spätere Aufhörverhalten." (Bühler et al., 2007, S. 5)

Bisher liegt noch keine empirische Spezifikation darüber vor, welches Furchtniveau maximal tolerabel ist, bevor es zu Abwehrprozessen kommt (vgl. Barth; Bengel, 1998, S. 113). Bildgestützte Hinweise scheinen bei bildungsferneren und einkommensschwächeren sowie bei bildungsnäheren und einkommensstärkeren Rauchern eine ähnliche Wirkung auf die Wissenszunahme zu haben. Der Ausgangsunterschied bleibt dabei erhalten (vgl. Bühler et al., 2007, S. 5). In einer Studie unter mexikanischen Jugendlichen und Erwachsenen bewerteten eher bildungsfernere Menschen die bildlichen Warnhinweise als wirksam (vgl. Hammond et al., 2012, S. 66).

Wirkung bildgestützter Warnhinweise auf Jugendliche: Bildgestützte Warnhinweise können Jugendliche erreichen (vgl. White et al., 2008, S. 1567); die Wahrnehmung und das Lesen der Warnungen kann schon innerhalb kurzer Zeit gesteigert werden (vgl. Vardavas et al., 2009, S. 4). Sie scheinen zudem das Rauchen für Heranwachsende weniger attraktiv zu machen (vgl. Wardle et al., 2010, S. 1) und das negative Image, das Jugendliche mit Zigarettenpackungen verbinden, zu steigern (vgl. White et al., 2008, S. 1569).

Die bildlichen Warnhinweise führen zu einer Steigerung der Häufigkeit, in der Jugendliche über die Warnungen sprechen und (auch über das Aufhören) nachdenken – das gilt sowohl für regelmäßige als auch für gelegentliche Raucher (vgl. ebd., S. 1567 f.). Das Sprechen über die Warnhinweise wiederum ist verbunden mit einer geringeren Absicht zu rauchen (vgl. ebd., S. 1568). Dabei verringern besonders solche Warnhinweise die Absicht zu rauchen, die zum Hauptgesprächsthema unter den Jugendlichen werden (vgl. ebd.). Deshalb sind wahrscheinlich die besonders drastischen Darstellungen geeignet, die Aufmerksamkeit der Jugendlichen auf die Risiken des Rauchens zu richten (vgl. ebd., S. 1569).

Über 90 % der befragten kanadischen und 85 % der englischen Jugendlichen gaben an, dass die bildgestützten Warnhinweise ihnen wichtige Informationen über das Rauchen geben (vgl. Hammond, 2011, S. 330).

White et al. fanden keine Hinweise dafür, dass die Warnhinweise bei jugendlichen Rauchern zu Abwehrreaktionen geführt haben, einschließlich geringerer Aufmerksamkeit für die Warnhinweise (vgl. White et al., 2008, S. 1569).

Bildliche Warnhinweise, verbunden mit einer Einheitsverpackung, können eine wirksame Maßnahme sein, Jugendliche vom Rauchbeginn abzuhalten (vgl. McCool et al., 2012, S. 1273; Hammond, 2011, S. 334).

Ein wichtiger Meilenstein in der deutschen und europäischen Tabakkontrollpolitik ist die Anfang 2014 verabschiedete Neufassung der Tabakproduktrichtlinie (2014/40/EU), die bis Mai 2016 von den EU-Mitgliedsstaaten in nationales Recht überführt werden musste. Zigarettenschachteln müssen künftig kombinierte Warnhinweise aufweisen, die 65 % der Vorder- und Rückseite der Schachtel einnehmen (vgl. Lampert; Kuntz, 2015a, S. 75). Die Lesbarkeit der Warnhinweise wird durch deren Mindestgröße und die festgeschriebene Packungsgröße garantiert – quaderförmig und mindestens 20 Zigaretten (vgl. ebd., S. 76). Die kleineren und schlankeren Zigarettenverpackungen, die oft heranwachsende Mädchen ansprechen, werden verboten (vgl. ebd.). Die Einführung von Einheitsverpackungen bleibt den Mitgliedsstaaten hingegen freigestellt (vgl. ebd.).

Diese Regelung gilt in Deutschland ab dem 20. Mai 2016, jedoch mit einer nicht unerheblichen Einschränkung. Der Tabakindustrie wurde ermöglicht, in erheblichem Umfang Tabakerzeugnisse ohne bildgestützte Warnhinweise vorzuproduzieren und entsprechende Mengen an Steuerzeichen vorab zu erwerben (vgl. BMF, 2016a). So ist es zu erklären, dass auch im Monat August 2016 immer noch die überwiegende Anzahl an Zigarettenpackungen ohne die entsprechenden Warnhinweise verkauft werden können. Bei der Tabaksteuer ist seit Juni 2016 ein starker Einnahmerückgang zu verzeichnen, der in Zusammenhang mit den Einnahmezuwächsen der drei Vormonate zu erklären ist. Im Monatsbericht August des Finanzministeriums wird ein Rückgang der Bundessteuern von 5 % gegenüber Juli 2016 ausgewiesen (vgl. BMF, 2016b).

Die Umsetzung dieser Maßnahme wird wahrscheinlich einen Einfluss auf alle Jugendlichen haben, unabhängig von ihrem Rauchstatus (vgl. Moodie et al., 2013, S. e97).

Grenzen der Warnhinweise

„Saying is not (always) doing (...)“ (Ruiter; Kok, 2005, S. 329). Allein die Absicht mit dem Rauchen aufzuhören oder den Konsum einzuschränken, führt nicht automatisch dazu, dass diese Absicht auch in die Tat umgesetzt wird. Mit dem Rauchen aufzuhören ist schwierig und es gehört mehr dazu, als nur die Motivation, mit dem Rauchen aufhören zu wollen (vgl. Schneider et al., 2012, S. 82). „Eine mittlere bis große Veränderung der Absicht, bringt eine kleine bis mittlere Veränderung des Verhaltens hervor“ (Webb; Sheeran, 2006, S. 249).

Internationalen Studien zufolge ziehen bis zu 80 % der jugendlichen Raucher einen Aufhörversuch in Erwägung; in Deutschland waren es im Jahr 2005 59 % der Jugendlichen zwischen 12 und 19 Jahren (vgl. DKFZ, 2008a, S. 22). Bei den 12- bis 15-Jährigen waren es sogar 69 % (vgl. ebd.). Nur etwas mehr als die Hälfte der jugendlichen Raucher startet dann tatsächlich einen Aufhörversuch, von denen es schließlich rund 4 % wirklich schaffen (vgl. ebd.). Die Erfolgsrate ist sehr gering, weil Jugendliche im Allgemeinen die Schwierigkeiten unterschätzen, endgültig mit dem Rauchen aufzuhören (vgl. ebd.). Die Wirksamkeit bildgestützter Warnhinweise ist dadurch stark limitiert.

Präventionsmaßnahmen wie die weitere Heraufsetzung der Altersgrenze für den Kauf oder Konsum von Tabakprodukten oder die Anhebung der Strafen für den Verkauf von Tabakwaren an Minderjährige sind wenig erfolgversprechend.

Obwohl einer US-amerikanischen Studie zufolge die Anhebung der Altersgrenze durchaus vielversprechend zu sein scheint (vgl. Ahmad; Billimek, 2007, S. 378), erfordert diese Maßnahme - ebenso wie eine Anhebung der Strafe für den widerrechtlichen Verkauf an Minderjährige - strenge und regelmäßige Kontrollen durch die Ordnungsbehörden (vgl. Pierce et al., 2011, S. 261). Diese sind bisher nicht vorhanden und deren Umsetzung in Deutschland erscheint derzeit mehr als unwahrscheinlich. Ohne diese Kontrollen sind die Maßnahmen aber wirkungslos (vgl. Pierce et al., 2011, S. 261). Einer italienischen Studie zufolge haben über 90 % der italienischen Erwachsenen noch nie einen Tabakverkäufer gesehen, der den Verkauf von Zigaretten an einen Minderjährigen abgelehnt hätte (vgl. Gallus et al., 2008, S. 285).

Zudem beziehen die meisten gelegentlichen und experimentellen jugendlichen Raucher die Zigaretten aus sozialen Quellen (vgl. Pierce et al., 2011, S. 261) und wären daher von diesen Maßnahmen nicht betroffen.

3.3 Abschließende Bewertung der Präventionsmaßnahmen

Wie in Kapitel 2.2 beschrieben, wurden die Präventionsmaßnahmen in der vorliegenden Arbeit unter den Bewertungskriterien Zielgruppenansprache, Wirksamkeit und Effizienz betrachtet. Die vorgestellten Präventionsmaßnahmen werden im Folgenden anhand dieser Kriterien bewertet.

Tabaksteuererhöhungen

In diesem Abschnitt werden zunächst die Tabaksteuererhöhungen als Präventionsmaßnahme anhand der Kriterien einer Bewertung unterzogen.

ZIELGRUPPENANSPRACHE

Tabaksteuererhöhungen stellen insbesondere bei Jugendlichen eine wirksame Maßnahme dar, um den Tabakkonsum spürbar zu senken. Das Verhalten der Jugendlichen ist eher auf das Hier und Jetzt ausgerichtet; sie machen sich daher weniger Gedanken um zukünftige Gesundheitsschäden als andere Bevölkerungsgruppen. Tabaksteuererhöhungen motivieren damit am ehesten genau die Zielgruppe zu einer Änderung ihres Rauchverhaltens, die durch alleinige gesundheitliche Aufklärung bisher am schlechtesten ansprechbar war (vgl. DKFZ, 2005a, S. 2).

Es liegt dennoch eine insgesamt nur mäßig gute Zielgruppenansprache vor: Tabaksteuererhöhungen wirken bei der Zielgruppe der 12- bis 17-jährigen Jugendlichen zwar homogener als bei anderen Gruppen, die Wirkung erstreckt sich jedoch nicht einheitlich auf die gesamte Zielgruppe und weist hinsichtlich soziodemografischer Merkmale Unterschiede auf. Hublet et al. stellten einen Zusammenhang zwischen Preiserhöhungen für Zigaretten und vermindertem regelmäßigen Rauchen lediglich bei Jungen und nicht bei Mädchen fest. Dieser geschlechtsspezifische Unterschied könnte darin begründet liegen, dass Jungen und Mädchen auf unterschiedliche Art und Weise Zigaretten erhalten. Mädchen erhalten ihre Zigaretten eher von sozialen Quellen wie (älteren) Freunden und der Familie. Jungen kaufen hingegen eher ihre Zigaretten in Läden oder an Zigarettenautomaten und sind daher mehr von Preiserhöhungen betroffen. Auch hinsichtlich des Alters besteht dieser Unterschied. Ältere Jugendliche reagieren eher auf Preiserhöhungen als jüngere Jugendliche, da die jüngeren Jugendlichen die Zigaretten eher von anderen erhalten als sie selber zu kaufen (vgl. Hublet et al., 2009, S. 1922 ff).

Es bestehen auch Abweichungen hinsichtlich des sozialen Umfelds. Jugendliche mit geringerem Einkommen sparen eher als wohlhabende Teenager durch Reduzierung ihres Tabakkonsums oder durch das Wechseln zu einer billigeren Marke (vgl. Biener et al., 1998, S. 1390). Die Wirkung von Tabaksteuererhöhungen ist dadurch höher bei den Jugendlichen mit geringem sozioökonomischen Status, die in der Zielgruppe zugleich die höchste Rauchprävalenz aufweisen (vgl. Townsend et al., 1994, S. 926). Von Tabaksteuererhöhungen wird sich neben einer rückläufigen

Gesamtnachfrage auch eine Verringerung der sozialen Unterschiede versprochen (vgl. ebd., S. 927; Lampert, Thamm, 2004, S. 1041).

Wirksamkeit

Eine präventive Maßnahme ist wirksam, wenn durch sie die angestrebten Ziele auch tatsächlich erreicht werden. Im vergangenen Jahrzehnt sank der Zigarettenkonsum erstmals seit Bestehen der Bundesrepublik deutlich; vor allem Jugendliche rauchen weniger. Maßgeblich daran beteiligt waren preisrelevante Tabaksteuererhöhungen (vgl. DKFZ, 2014a, S. 1), einen vergleichbaren Rückgang hat es in Verbindung mit anderen Präventionsmaßnahmen bisher nicht gegeben (vgl. Effertz, 2014, S. 1).

Der Anteil der jugendlichen Raucher im Alter von 12 bis 17 Jahren hat sich seit dem Beginn deutlicher Tabaksteuererhöhungen im Jahr 2002 bis ins Jahr 2014 um fast ein Drittel (2001: 28 % vs. 2014: 10 %) reduziert. Dabei nahm die Raucherquote der 12- bis 17-Jährigen in den Jahren mit hohen Tabaksteuererhöhungen deutlich stärker ab als in den anderen Jahren. Der Konsum von Fabrikzigaretten der deutschen Gesamtbevölkerung reduzierte sich von 1997 bis 2013 um 40 % (vgl. DKFZ, 2014a, S. 1). Auch das Ausmaß der Passivrauchbelastung hat im Verlauf der letzten Jahre abgenommen (vgl. Lampert; List, 2010, S. 5). Die Häufigkeit, mit der riskantes oder schädigendes Verhalten auftritt, wird durch Tabaksteuererhöhungen deutlich und vergleichsweise rasch verringert. Tabaksteuererhöhungen stellen daher insbesondere bei den 12- bis 17-jährigen Jugendlichen eine stark wirksame Präventionsmaßnahme dar. Höhere Tabaksteuern sind zudem ein stark wirksames Mittel, um Todesfälle, Krankheiten und volkswirtschaftliche Kosten zu verringern, die durch den Tabakkonsum verursacht werden (vgl. Chaloupka et al., 2012, S. 179).

Die Dauerhaftigkeit der erreichten Verhaltensänderung hängt jedoch stark davon ab, dass der Preis für Tabakprodukte weiterhin so hoch ist, dass er potenzielle Raucher vom Tabakkonsum und regelmäßige Raucher vom Rauchen abhält. Sinkende Zigarettenpreise sind deutlich verbunden mit einer höheren Anzahl von Raucheinsteigern (vgl. Zhang et al., 2006, S. 474). Je größer die Preisreduktion ist, desto mehr Raucheinsteiger gibt es (vgl. ebd., S. 476).

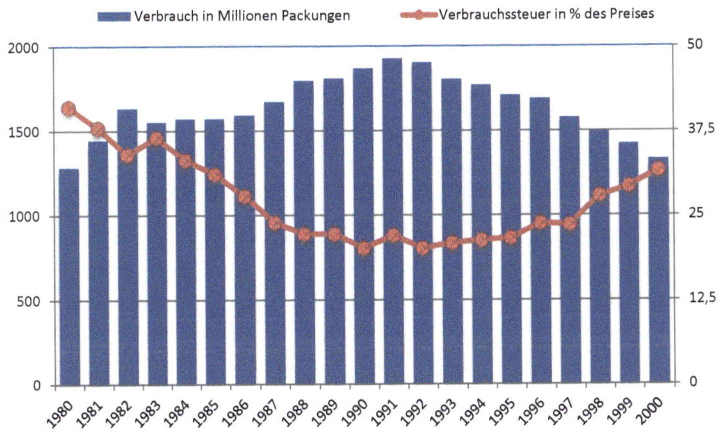

Abbildung 3.9: Zigarettenkonsum in Abhängigkeit vom Preis in Südafrika 1980–2012 (vgl. Walbeek, 2003, S. 4)

Abbildung 3.9 zeigt das Rauchverhalten in Abhängigkeit vom Preis in Südafrika. Während im Zeitraum von 1986 bis 1996 die Tabaksteuer deutlich reduziert war, kam es zu einem deutlichen Anstieg des Zigarettenkonsums.

Die Präventionswirkung von Tabaksteuererhöhungen wird deutlich abgeschwächt, wenn die Erhöhung zu gering ist oder über einen langen Zeitraum erfolgt (vgl. Effertz, 2014, S. 1). Der Effekt einer Steuererhöhung verringert sich mit der Zeit (vgl. Chaloupka; Grossmann, 1996, S.24). Nur eine kontinuierliche und deutliche Erhöhung des Tabakpreises kann Jugendliche vom Rauchen abhalten oder jugendliche Raucher zum Aufhören motivieren (vgl. DKFZ, 2014a, S. 4).

Effizienz

Tabaksteuererhöhungen sind nicht nur wirksam, sie sind zugleich die kosteneffizienteste Möglichkeit, die tabakbedingten Schäden zu reduzieren (vgl. Zhang et al., 2006, S. 478; DKFZ, 2014a, S. 1). Der Absatzrückgang nach einer Steuererhöhung mindert zudem nicht das Steueraufkommen (vgl. Plamper et al., 2006, S. 663; Effertz, 2014, S. 2).

Tabaksteuererhöhungen sind eine universelle Präventionsmaßnahme, weil die gesamte Bevölkerung unspezifisch angesprochen wird. Außerdem haben sie eine große Breitenwirkung, durch die sie jedoch erst besonders wirksam werden.

Tabaksteuererhöhungen haben Einfluss auf das Rauchverhalten der Eltern, Geschwister und (älteren) Freunde, die für die Jugendlichen Vorbildcharakter haben und deren Verhalten in Zusammenhang damit steht, ob ein Jugendlicher zum Raucher wird (vgl. Townsend et al., 1994, S. 926). Rauchen durch spürbare Preissteigerungen weniger Erwachsene und Freunde, so wird das Rauchverhalten durch die Jugendlichen weniger imitiert und der Druck durch gleichaltrige Freunde, ebenfalls zu rauchen, verringert sich deutlich (vgl. Plamper et al., 2006, S. 663).

Die Familie und (ältere) Freunde stellen für Jugendliche eine wichtige nicht kommerzielle Quelle für Zigaretten dar (vgl. Hublet et al., 2009, S. 1923). Die meisten Raucher geben bei höheren Tabakpreisen Zigaretten seltener kostenfrei an ihre Freunde weiter (vgl. Ross et al., 2003, S. 30). Erhöht sich der Preis für Tabakprodukte, so steht diese Quelle immer weniger zur Verfügung und der Zugang der Jugendlichen zu Zigaretten wird deutlich erschwert. Die große Breitenwirkung der Maßnahme verursacht einen Multiplikationseffekt, der die Wirksamkeit bei der eigentlichen Risikogruppe erhöht und so dazu beiträgt, dass Tabaksteuererhöhungen gerade in dieser Zielgruppe besonders wirksam sind (vgl. Chaloupka; Pacula, 1999, S. 195):

> „Eventually, the population will become dominated by people whose initial smoking decisions were more sensitive to price, leading to relatively larger reductions in the number if smokers." (Chaloupka; Grossmann, 1996, S. 24)

(Totale) Werbeverbote

Nachdem im vorigen Abschnitt die Tabaksteuererhöhungen anhand der Bewertungskriterien begutachtet wurden, erfolgt nun die Bewertung der Präventionsmaßnahme eines totalen Werbeverbots.

Zielgruppenansprache

Jugendliche im Alter von 12 bis 17 Jahren sind für die Tabakindustrie die wichtigste Zielgruppe, da der frühzeitige Beginn des Rauchens den langjährigen Konsum vorhersagt und der Einstieg in das Rauchen ab dem 21. Lebensjahr die Ausnahme bildet (vgl. ABNR, 2010, S. 1). Der Fokus der Tabakwerbung liegt daher stark auf dieser Zielgruppe, was auch interne, ehemals vertrauliche Dokumente der Tabakindustrie belegen (vgl. DKFZ, 2008a, S. 34). Die Tabakwerbung nutzt die bestehenden großen Unsicherheiten über das eigene Selbst der Jugendlichen in der Phase der Identitätsbildung aus. Durch die Imagewerbung werden Eigenschaften vorgeführt, die sich viele Jugendliche von sich selbst erhoffen (vgl. Hanewinkel, 2010, S. 90). Daher wirken die Bilder der Werbung auf Jugendliche viel intensiver und sie können sich durch die geringeren kognitiven Fertigkeiten schlechter gegen die Werbestrategien wehren als Erwachsene (vgl. ebd.).

Ein totales Tabakwerbeverbot wirkt bei der Zielgruppe der 12- bis 17-jährigen Jugendlichen deshalb homogener als bei anderen Gruppen. Da jeder Jugendliche unabhängig von sozialer Herkunft, Geschlecht oder besuchter Schulform die Pubertät und damit die Phase der Identitätsbildung durchläuft, erstreckt sich die Wirkung auch auf die gesamte Zielgruppe unabhängig von soziodemografischen Variablen und sozialem Umfeld (vgl. Evans et al., 1995, S. 1538).

Ein totales Tabakwerbeverbot erreicht eine sehr gute Zielgruppenansprache, die deutlich höher ist als die bei Tabaksteuererhöhungen.

Wirksamkeit

Ein vollständiges Tabakwerbeverbot verringert, wenn auch eher langfristig, die Häufigkeit, mit der riskantes oder schädigendes Verhalten auftritt. Der Einfluss schädigender Umweltfaktoren wird jedoch nahezu umgehend deutlich gemindert. Die Dauerhaftigkeit der Präventionsmaßnahme ist als sehr hoch einzuschätzen: Werden die Jugendlichen bis zum 21. Lebensjahr vom Einfluss der Tabakwerbung ferngehalten, kann eine spätere Konfrontation damit - der hier vorgelegten Befundlage nach - sehr wahrscheinlich nichts mehr an deren Einstellung zum Rauchen ändern. Ein vollständiges Tabakwerbeverbot stellt unter diesem Gesichtspunkt eine wirksame Präventionsmaßnahme dar.

Ein umfassendes Tabakwerbeverbot würde jedoch nicht die Anzahl jugendlicher Raucher senken. Was reduziert würde, ist die Anzahl der Raucheinsteiger (vgl. DiFranza et al., 2006, S. e1244). Weil Jugendliche im Durchschnitt zwei Jahre brauchen, um vom ersten Zug an der Zigarette zum täglichen Raucher zu werden, würde eine Reduzierung der Anzahl von Raucheinsteigern für mehrere Jahre nur einen unbedeutenden Einfluss auf die Tabakmenge haben, die von Jugendlichen geraucht wird (vgl. ebd.). Der Schutz der Jugendlichen vor Tabakwerbung hat zwar einen enormen langfristen positiven Effekt auf die Volksgesundheit, aber für viele Jahre keinen messbaren Einfluss auf den Tabakverbrauch (vgl. ebd.). Es ist auch kurzfristig nicht mit einer verringerten Passivrauchbelastung der Jugendlichen zu rechnen.

Die Wirksamkeit eines totalen Werbeverbots ist daher (deutlich) geringer als die Wirksamkeit von Tabaksteuererhöhungen.

Sowohl begrenzte Werbeverbote als auch Selbstbeschränkungsvereinbarungen der Tabakindustrie sind wirkungslos, weil die Hersteller dann ihre Marketingaktivitäten auf diejenigen Bereiche verlagern, in denen Werbung und Sponsoring weiterhin erlaubt sind (vgl. Saffer, Chaloupka, 2000, S. 1134; DKFZ, 2001, S. 4; Braverman, Aarø, 2004, S. 1236; Davis et al., 2008, S. 87; Hanewinkel et al., 2010, S. 364). Selbst bei begrenzter Einwirkung von Werbung durch teilweise Verbote ist eine signifikante Marktdurchdringung möglich (vgl. Braverman; Aarø, 2004, S. 1236). „Hauptziel von Selbstbeschränkungsregelungen ist die Lähmung des staatlichen Regulierungsprozesses" (Fiedler et al., 2014, S. 263). Ein standardisiertes globales Verbot würde den Tabakunternehmen die Möglichkeit rauben, traditionelle Werbung durch neue Medien oder neue verkaufsfördernde Maßnahmen in verschiedenen Ländern zu ersetzen (vgl. Hafez; Ling, 2005, S. 270).

Angestrebt werden jedoch immer noch lediglich Teilverbote: „Deshalb strebe ich ein Verbot der Außenwerbung mit Plakaten sowie der Kinowerbung für Tabakerzeugnisse und elektronische Zigaretten an" (BMEL, 2015). Wie bereits in diesem Kapitel erwähnt, wurde vom Bundeskabinett im April 2016 ein Verbot der Außenwerbung erst ab Juli 2020 beschlossen.

Effizienz

Raucher sind markentreue Konsumenten; der Einstieg in den Tabakkonsum erfolgt i. d. R. in der Pubertät. Tabakwerbeverbote wirken sich kaum auf das Verhalten oder den Verbrauch von Rauchern aus, sondern verringern die Anzahl der Raucheinsteiger. Ein vollständiges Tabakwerbeverbot spricht die ausgewählte Teilpopulation der Jugendlichen im Alter von 12 bis 17 Jahren an, die sich hinsichtlich der Tabakwerbung als Risikogruppe erwiesen hat. Tabakwerbeverbote sind eine Maßnahme der selektiven Prävention mit geringen Streuverlusten – risikoerhöhende Bedingungen werden eingedämmt. Die Ursachen, die zum erhöhten Risiko führen, sind seit Langem bekannt und hier bereits dargestellt worden. Tabakverbote sind eine effiziente Präventionsmaßnahme, doch weniger effizient als Tabaksteuererhöhungen. Durch deutliche Preissteigerungen in Folge von Tabaksteuererhöhungen lässt sich eine höhere Wirkung erzielen, die sich (langfristig) auch auf bereits rauchende Jugendliche und Erwachsene erstreckt.

Der Aufwand Tabakwerbeverbote umzusetzen, erscheint allein schon aus dem Grund angemessen, dass hier Werbung für ein Produkt erfolgt, „(...) das zwar legal verkauft wird, jedoch bei bestimmungsgemäßem Gebrauch Abhängigkeit erzeugt und gesundheitsschädlich ist" (DKFZ, 2008a, S. 34).

Warnhinweise

Als letzte Präventionsmaßnahme werden nun die Warnhinweise einer Bewertung anhand der drei Kriterien unterzogen.

Zielgruppenansprache

Es liegt eine vergleichsweise schlechte Zielgruppenansprache vor, die deutlich unter dem Wert der beiden zuvor untersuchten Präventionsmaßnahmen liegt. Einerseits wirken – der dargelegten Befundlage nach – die Warnhinweise auf die Zielgruppe der Jugendlichen im Alter von 12 bis 17 Jahren. Die vorliegenden Studien lassen andererseits jedoch nicht den Schluss zu, dass Jugendliche anders durch bildgestützte Warnhinweise zu beeinflussen sind als Erwachsene (vgl. Bühler et al., 2007, S. 5). Sie wirken demzufolge bei der Zielgruppe der Jugendlichen zwischen 12 und 17 Jahren nicht homogener als bei anderen Gruppen.

Hinsichtlich der differenziellen Wirkung der Warnhinweise liegen keine ausreichenden Informationen vor, die eine Aussage über die Wirkung innerhalb der Zielgruppe zulassen. Die wenigen Hinweise deuten darauf hin, dass eine Wirkung abhängig von der Nikotinabhängigkeit ist und daher eher bei Nichtrauchern und aufhörmotivierten Rauchern zu erwarten ist, als bei wenig aufhörmotivierten, stärker nikotinabhängigen Rauchern (vgl. Schneider et al., 2012, S. 82). Ein Unterschied zwischen den Geschlechtern ist eher nicht feststellbar (vgl. ITC, 2012, S. 14).

Wirksamkeit

Bildgestützte Warnhinweise haben einen starken Effekt auf die Wahrnehmung von Warnhinweisen, das Wissen über die gesundheitlichen Folgen des Rauchens und die emotionale Reaktion von sowohl Rauchern als auch Nichtrauchern. Einen mittleren Effekt erzielen die bildgestützten Warnhinweise auf die Einstellung der Jugendlichen zum Rauchen und die Motivation, mit dem Rauchen aufzuhören. Ein eher geringer bis mäßiger Effekt der Warnhinweise ist auf das Rauchverhalten zu erwarten, eine deutliche Verringerung der Häufigkeit des schädlichen Verhaltens ist nicht zu erwarten (vgl. Wardle et al., 2010, S. 4; Moodie et al., 2013, S. e97).

Warnhinweise sind demnach eher dazu geeignet, Nichtraucher vom Rauchen abzuhalten als Raucher zum Aufhören zu veranlassen. Eine Auswirkung auf die Passivrauchbelastung der Jugendlichen ist eher unwahrscheinlich. Die riskanten bzw. schädigenden Umweltfaktoren werden nur wenig gemindert. Den Warnhinweisen kann daher nur eine geringe bis mäßige Wirksamkeit zugesprochen werden. Die Wirksamkeit liegt deutlich unter der von Tabaksteuererhöhungen und totalem Werbeverbot.

Die Wirksamkeit der bildgestützten Warnhinweise hängt zudem stark von ihrer Größe, der Positionierung und ihrer Gestaltung ab. Allgemein gilt: Je größer der Warnhinweis, desto besser (vgl. Institute for Global Tobacco Control, 2013, S. 10; DKFZ, 2013, S. 1 f.). Wenn die bildliche Warnung mindestens 75 % der Verpackungsfläche beträgt, ist ihre Wirkung bei jugendlichen Rauchern und Nichtrauchern deutlich größer, als wenn die Fläche nur 50 % beträgt (vgl. Hammond, 2011, S. 329).

Die Warnhinweise werden zudem besser wahrgenommen, wenn sie auf der Vorderseite der Zigarettenpackung angebracht sind (vgl. Moodie et al., 2013, S. e97) oder sowohl auf der Vorder- und Rückseite (vgl. Hammond, 2011, S. 334).

Um zu verhindern, dass sich die Jugendlichen an die Motive gewöhnen und diese langweilig finden, müssen die Warnhinweise regelmäßig ausgetauscht werden (vgl. Hammond, 2011, S. 334; Institute for Global Tobacco Control, 2013, S. 10; Gallopel-Morvan et al., 2009, S. 10). Hinsichtlich der Dauerhaftigkeit der erreichten Einstellungsveränderungen sind der vorliegenden Literatur keine verlässlichen Aussagen zu entnehmen. In einer aktuellen Studie gehen White et al. jedoch davon aus, dass der Effekt, den Warnhinweise auf die kognitive Verarbeitung bei Jugendlichen haben, nach fünf Jahren nachlässt (vgl. White et al., 2014, S. 776). Die Warnhinweise müssten daher regelmäßig ausgetauscht werden.

Effizienz

Die Einführung der bildgestützten Warnhinweise und der Einheitsverpackung sind für Staat und Verbraucher kostenneutral, da die Tabakindustrie lediglich den Druck der Zigarettenverpackungen ändern muss. Den bildgestützten Warnhinweisen kann dennoch nur eine geringe Effizienz zugesprochen werden, da es mit Tabaksteuererhöhungen und totalem Werbeverbot (insbesondere am Verkaufsort) zwei Wege gibt, durch die sich deutlich bessere Wirkungen erzielen lassen. Zusammen mit diesen beiden anderen Maßnahmen können bildgestützte Warnhinweise aber eine wichtige Rolle bei der De-Normalisierung des Rauchens in den entscheidenden Jahren der frühen Adoleszenz spielen (vgl. Vardavas et al., 2009, S. 5). Bildgestützte Warnhinweise sind eine universelle Präventionsmaßnahme, die die gesamte Bevölkerung ansprechen und gerade durch die große Streuung ihre Breitenwirkung erzielen soll. Ziel der Schockbilder ist, insbesondere jugendliche Nichtraucher vom Einstieg und Ex-Raucher vom Wiedereinstieg in das Rauchen abzuhalten.

4 Handlungsempfehlungen für eine erfolgreiche Tabakprävention

Die vorliegende Arbeit reiht sich in die große Zahl der Studien ein, die die vorgestellten verhältnispräventiven Maßnahmen für wirksam erachten, einen Rückgang des Rauchens in der Gesamtbevölkerung zu erreichen. Sie sind dadurch geeignet, die gravierenden gesundheitlichen Folgen und immensen volkswirtschaftlichen Folgen des Tabakkonsums deutlich zu verringern. Dabei sind sie vor allem dazu geeignet, diejenigen zu schützen, die durch ihren noch nicht ausgereiften Organismus sowie ihre Unbeschwertheit und Sorglosigkeit besonders verletzlich, empfänglich und angreifbar sind. Im Folgenden werden zunächst die Ergebnisse zur Tabakprävention in Deutschland in Hinblick auf die drei Bewertungskriterien Zielgruppenansprache, Wirksamkeit und Effizienz zusammengefasst und diskutiert.

Zielgruppenansprache: Eine deutliche Verteuerung des Tabaks durch kleinstufige Tabaksteuererhöhungen wirken auf die Zielgruppe der 12- bis 17-jährigen Jugendlichen homogener als bei anderen Bevölkerungsgruppen; die Wirkung erstreckt sich jedoch nicht gleichmäßig auf die gesamte Zielgruppe. Es bestehen z. T. erhebliche Unterschiede zwischen Jungen und Mädchen, da Mädchen mehr als Jungen ihre Zigaretten aus sozialen Quellen beziehen und daher weniger empfindlich auf Preissteigerungen reagieren als Jungen, die eher ihre Zigaretten kaufen.

Ein ähnlicher Unterschied besteht zwischen den verschiedenen Altersgruppen innerhalb der Zielgruppe. Hier sind es eher die älteren Jugendlichen, die Zigaretten kaufen und deshalb sensibler auf Preiserhöhungen reagieren. Preissteigerungen wirken zudem eher auf einkommensschwache Jugendliche als auf Heranwachsende, die über ein höheres frei verfügbares Budget verfügen.

Ein vollständiges Werbeverbot wiederum erzielt die beste Zielgruppenansprache aller untersuchten verhältnispräventiven Maßnahmen. Da Tabakwerbung entgegen den Beteuerungen der Tabakindustrie darauf abzielt, Jugendliche vor dem 21. Lebensjahr als lebenslange und markentreue Kunden zu gewinnen, wirken Werbeverbote bei der Zielgruppe der 12- bis 17-jährigen Jugendlichen besonders gut. Die Wirkung erstreckt sich zudem auf die gesamte Zielgruppe ohne nennenswerte Ausnahmen, da nahezu jeder Jugendliche in der Pubertät auf Identitätssuche ist, sich durch Werbung beeinflussen lässt und – durch die noch im Vergleich zu Erwachsenen geringeren kognitiven Fähigkeiten – schlechter gegen diese Beeinflussung wehren kann.

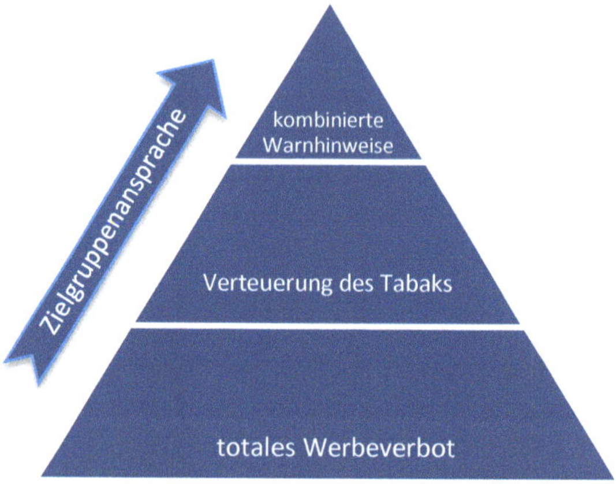

Abbildung 4.1: Wirkpyramide Zielgruppenansprache

Kombinierte Warnhinweise erzielen hingegen die schlechteste Zielgruppenansprache aller untersuchten Präventionsmaßnahmen (vgl. Abbildung 4.1). Die Befundlage lässt nicht den Schluss zu, dass sich Jugendliche im Alter von 12 bis 17 Jahren durch bildgestützte Warnhinweise besser oder anders beeinflussen lassen als Erwachsene. Innerhalb der Zielgruppe scheinen sich eher Nichtraucher und aufhörwillige Raucher ansprechen zu lassen als bereits stärker nikotinabhängige Raucher.

Wirksamkeit: Keine andere verhältnispräventive Maßnahme ist so wirksam wie die deutliche Verteuerung des Tabaks. Tabaksteuererhöhungen sind die einzige Maßnahme, bei der die Wirkung auf die gesamte Zielgruppe vergleichsweise schnell eintritt und eine rasche signifikante Abnahme der Passivrauchbelastung zu erwarten ist. Durch eine deutliche Verteuerung des Tabaks verringert sich am wirksamsten die Häufigkeit, mit der ein riskantes Rauchverhalten der 12- bis 17-Jährigen auftritt – über die Wirkung auf die sozialen Quellen Eltern und (ältere) Freunde werden Zigaretten als schädigender Umwelteinfluss deutlich reduziert. Die Wirksamkeit hängt jedoch davon ab, ob Tabak – verglichen mit dem zur Verfügung stehenden Einkommen – dauerhaft als teuer empfunden wird.

Ein totales Werbeverbot ist eher lang- als kurzfristig wirksam, weil so nicht der bestehende Konsum, sondern eher die Anzahl der jugendlichen Raucheinsteiger reduziert wird. Das riskante Rauchverhalten der Jugendlichen verringert sich kaum, jedoch würden Zigaretten durch ein Werbeverbot an den Kassen verstärkt aus der Wahrnehmung der Jugendlichen geraten. Gelingt es hinreichend lange, Zigaretten aus der Wahrnehmung der Jugendlichen fernzuhalten, ist die Dauerhaftigkeit dieser Präventionsmaßnahme sehr hoch.

Kombinierte Warnhinweise erhöhen das Wissen der Jugendlichen über die Schädlichkeit des Tabakkonsums und verändern ihre Einstellung zum Rauchen; auf das Rauchverhalten haben sie jedoch nur einen sehr geringen Effekt. Warnhinweise halten eher jugendliche Nichtraucher vom Rauchen ab. Die Wirksamkeit liegt deutlich unter dem Ausmaß, das durch die beiden anderen untersuchten Präventionsmaßnahmen erreicht werden kann (vgl. Abbildung 4.2).

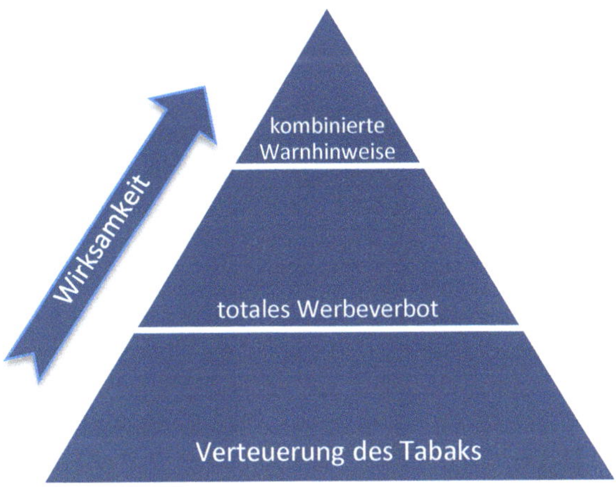

Abbildung 4.2: Wirkpyramide Wirksamkeit

Effizienz: Tabaksteuererhöhungen sind der Befundlage nach die kosteneffizienteste Präventionsmaßnahme, die zudem das Steueraufkommen des Staats nicht mindert. Die große Wirksamkeit wird gerade durch die breite Streuung auf die ganze Bevölkerung erreicht, da die Jugendlichen im Alter von 12 bis 17 Jahren zu einem großen Teil ihre Zigaretten aus sozialen Quellen beziehen.

Ein totales Werbeverbot wiederum ist eine selektive Präventionsmaßnahme, da sie im Wesentlichen nur die eigentliche Risikogruppe der 12- bis 17-Jährigen betrifft. Eine Auswirkung auf rauchende oder nichtrauchende Erwachsene ist praktisch nicht vorhanden. Der erforderliche Aufwand ist gering und zudem besteht zur Umsetzung bereits die rechtliche Verpflichtung Deutschlands.

Kombinierte Warnhinweise sind eine kostenneutrale, universelle Präventionsmaßnahme. Die abschreckende und informierende Wirkung wird durch die große Streuung erreicht, wenngleich es prinzipiell wünschenswert wäre, wenn weniger Zigarettenverpackungen durch einen geringeren Tabakkonsum in Umlauf wären. Die kombinierten Warnhinweise sollten nur die letzte Barriere für Jugendliche darstellen, die sie vom Rauchen abhält.

Diskussion der Forschungsfrage

Aus den vorliegenden Ergebnissen hinsichtlich Zielgruppenansprache, Wirksamkeit und Effizienz von verhältnispräventiven Maßnahmen wird im Folgenden die Forschungsfrage beantwortet. Die Forschungsfrage, die eingangs in der Einleitung aufgestellt wurde, lautete:

> **Welche verhältnispräventiven Maßnahmen sind nach aktueller wissenschaftlicher Erkenntnislage dazu geeignet, den Tabakkonsum von Jugendlichen im Alter von 12 bis 17 Jahren in Deutschland zu senken?**

Bei wörtlicher Auslegung dieser Frage im Hinblick auf den momentanen Tabakkonsum ist das erschreckende Fazit der vorliegenden Arbeit, dass keine der untersuchten Präventionsmaßnahmen dazu geeignet ist, kurzfristig stark nikotinabhängige jugendliche Raucher vom Rauchen abzuhalten und dadurch deren Tabakkonsum zu senken. Durch hohe Preise für Tabakprodukte können nikotinsüchtige jugendliche Raucher jedoch zumindest mittel- bis langfristig zu einer Veränderung ihres Rauchverhaltens bewegt werden. Dabei ist vor allem die indirekte Wirkung der Verteuerung über die sozialen Quellen von großer Bedeutung. Werbeverbote und Warnhinweise haben auf das Rauchverhalten stark abhängiger jugendlicher Raucher der Befundlage nach fast keinen Einfluss. Dieses Ergebnis macht das Suchtpotenzial und die hohe Gefährlichkeit des Nikotins mehr als deutlich und lässt nur den Schluss zu, dass Jugendliche mit allen zur Verfügung stehenden Mitteln davon abgehalten werden müssen, überhaupt mit dem Rauchen anzufangen.

Dieses Ziel kann durch die untersuchten Präventionsmaßnahmen erreicht werden. Diese sind gut bis sehr gut dazu geeignet, Jugendliche im Alter von 12 bis 17 Jahren vom Rauchbeginn abzuhalten und so mittel- bis langfristig den Tabakkonsum dieser Zielgruppe zu senken. Dabei ist die

Verteuerung des Tabaks die wirksamste Präventionsmaßnahme, die zudem die einzige ist, von der eine schnellere Wirkung zu erwarten ist.

Wie groß dabei die Wirkung der einzelnen Maßnahmen ist, lässt sich anhand der vorliegenden Studien nicht eindeutig bestimmen, weil häufig viele Präventionsmaßnahmen zeitgleich umgesetzt wurden oder die Wirkung zuvor umgesetzter Maßnahmen noch anhielt. So berücksichtigen die vielversprechenden Ergebnisse der Studie von Hammond et al. aus dem Jahr 2004 bezüglich der Einführung der bildlichen Warnhinweise in Kanada nicht oder nur unzureichend, dass vor der Studie die Tabaksteuern erhöht wurden und ein Rauchverbot in allen öffentlichen Einrichtungen erlassen wurde (vgl. Peters et al., 2007, S. 479). Auch in Deutschland unterstützten weitere Tabakkontrollmaßnahmen die Wirkung der Tabaksteuererhöhungen der Jahre 2002 bis 2005 auf die Jugendlichen im Alter von 12 bis 17 Jahren (vgl. DKFZ, 2014a, S. 3). Fehlen die ergänzenden Tabakkontrollmaßnahmen, wird die Wirkung der einzelnen Präventionsmaßnahme entweder aufgehoben (vgl. ebd. S. 4) oder zumindest stark vermindert.

Die Schlussfolgerung daraus ist, dass die höchste Wirkung von Tabakkontrollmaßnahmen stets und nur dann erreicht wird, wenn verschiedene Präventionsmaßnahmen gebündelt eingesetzt werden.

Kritisch anzumerken ist, dass viele der hier erläuterten Aspekte auf Expertenmeinungen beruhen. Dabei wird teilweise von den Experten die kausale Wirkung bestimmter Präventionsmaßnahmen zu optimistisch eingeschätzt. Dies kritisieren auch Hammond et al. (2004). Darüber hinaus scheinen die Empfehlungen und Schlussfolgerungen mangels retrospektiver Studien mit messbaren Ergebnissen lediglich auf optimistischen Annahmen und Hoffnungen zu beruhen (vgl. Moodie et al., 2013, S. e97).

Oft ist jedoch aus wissenschaftlicher Perspektive eine kausale Beweisführung (z. B. zwischen Tabakwerbung und Tabakkonsum) gar nicht möglich. So wäre es z. B. ethisch unverantwortlich, Untersuchungen mit randomisierten Gruppen durchzuführen, in der eine Gruppe der Zigarettenwerbung ausgesetzt wird und die andere nicht (vgl. Hanewinkel; Pohl, 2001, S. 109). Auch über Höhe und Umfang der Präventionsmaßnahmen kann aus diesem Grund vielfach nur die Meinung der Experten herangezogen werden.

Dennoch lässt die Befundlage die Beantwortung der Forschungsfrage zu und ermöglicht zudem, geeignete Handlungsempfehlungen zu geben. Die Forschungsfrage wird wie folgt beantwortet:

Die Verteuerung des Tabaks, ein vollständiges Werbeverbot und kombinierte Warnhinweise sind nach aktueller wissenschaftlicher Erkenntnislage dazu geeignet, den Tabakkonsum von Jugendlichen im Alter von 12 bis 17 Jahren langfristig zu senken, indem durch jene der Raucheinstieg verhindert bzw. stark verringert wird. Eine kurzfristige Senkung des Tabakkonsums ist durch die suchterregende Wirkung des Nikotins nur begrenzt durch eine deutliche Verteuerung des Tabaks möglich.

Andere Präventionsmaßnahmen scheinen wenig Aussicht auf Erfolg zu haben. Angesichts der Tatsache, dass 40 % der Jugendlichen glauben, dass Rauchen bei der Gewichtskontrolle helfen kann (vgl. Strauss; Mir, 2001, S. 1384), scheinen insbesondere bei Mädchen gezielte Informationen über den Zusammenhang Zigarettenkonsum/Gewichtskontrolle erfolgversprechend zu sein. Da die kausalen Zusammenhänge zwischen dem Rauchen und Abnehmen bei Jugendlichen vielfach unklar sind, sollten nach Meinung des Verfassers geeignete Längsschnittstudien durchgeführt werden, die zeigen, ob entsprechende Warnhinweise auf der Verpackung („Rauchen hilft nicht bei der Gewichtskontrolle") das Wissen und Rauchverhalten der Jugendlichen in dieser Beziehung verändern können. Denn während z. B. viele Jugendliche vermutlich mit dem Rauchen anfangen um abzunehmen, ist es nach Strauss und Mir (2001) ebenso möglich, dass das Abnehmen selbst zu erhöhtem Zigarettenkonsum führt (vgl. ebd.).

Schlussendlich wäre die wirksamste Präventionsmaßnahme gegen den Tabakkonsum natürlich das Verbot des Tabaks selbst, das bei all den aufgeführten Gesundheitsgefahren, die durch den Tabakkonsum hervorgerufen werden, auch geboten wäre. Hierzu wären Studien empfehlenswert, die untersuchen, ob die negativen Erfahrungen mit vollständigen Verboten aus der Prohibitionsszeit in den USA (1920–1933) weiterhin gelten und wirklich gegen ein Verbot des Tabaks sprechen würden.

Basierend auf den Ergebnissen der vorliegenden Arbeit werden folgende konkrete **Handlungsempfehlungen** gegeben:

1. Deutliche Tabaksteuererhöhungen für alle Tabakprodukte in wenigen Stufen, die im Ergebnis ein Preisniveau für Tabakwaren zum Ziel haben, das dem von Großbritannien oder Norwegen entspricht (ca. 10–12 Euro pro Schachtel Zigaretten). Die Preise sind auch in der Folgezeit dem Einkommensniveau so anzupassen, dass

Tabak als teuer empfunden wird. Billigzigaretten kosten mindestens 70 % des Preises von Premiumzigaretten.

2. Eine rasche und vollständige Umsetzung eines absoluten Werbeverbots gemäß des WHO-Rahmenabkommens zur Eindämmung des Tabakgebrauchs, das für Deutschland seit dem 16. März 2005 rechtlich bindend ist. Von besonderer Bedeutung sind das Werbeverbot am Verkaufsort (Promotion) und das Verbot von Kinderzigaretten.
3. Die vollständige Umsetzung der EU-Tabakproduktrichtlinie (2014/40/EU) bis zum 20. Mai 2016, inklusive der zeitgleichen Einführung der Einheitsverpackung.

   Die Umsetzung der EU-Tabakrichtlinie ist zum 20. Mai 2016 erfolgt, jedoch bekam die Tabakindustrie die Möglichkeit, in erheblichem Umfang Tabakerzeugnisse vorzuproduzieren, die die entsprechenden bildgestützten Warnhinweise nicht enthalten. Im August 2016 enthalten dadurch die meisten Zigarettenpackungen noch nicht diese Warnhinweise, der Sinn der Tabakrichtlinie wurde dadurch nach Ansicht des Verfassers unterlaufen. Die Einführung der Einheitsverpackung muss der nächste Schritt sein, die Attraktivität der Verkaufsverpackungen zu senken.

Abschließende Zusammenfassung und Ausblick

Rauchen ist das größte vermeidbare Gesundheitsrisiko in Deutschland und verursacht zudem immense volkswirtschaftliche Kosten. Der Einstieg in den Tabakkonsum erfolgt zumeist bis zum Alter von 21 Jahren. Wer bis dahin nicht mit dem Rauchen angefangen hat, wird wahrscheinlich lebenslang Nichtraucher bleiben. Jugendliche im Alter von 12 bis 17 Jahren sind deshalb trotz gegenteiliger Beschwörungen Zielgruppe der Tabakindustrie. Diese Thesis ist die erste Arbeit, die verschiedene verhältnispräventive Maßnahmen miteinander vergleicht und daraufhin untersucht, ob sie geeignet sind, den Tabakkonsum Jugendlicher im Alter von 12 bis 17 Jahren in Deutschland zu senken. Die Umsetzung erfolgte anhand einer systematischen Literaturanalyse.

Sämtliche untersuchte verhältnispräventive Maßnahmen sind nur unzureichend in der Lage, den Tabakkonsum stark nikotinabhängiger jugendlicher Raucher kurzfristig zu senken. Die untersuchten Präventionsmaßnahmen können jedoch Jugendliche vom Einstieg in den Tabakkonsum abhalten.

Es zeigt sich, dass eine deutliche Verteuerung des Tabaks durch Tabaksteuererhöhungen die wirksamste und zugleich effizienteste verhältnispräventive Maßnahme ist. Die Wirkung erstreckt sich jedoch nicht auf die gesamte Zielgruppe. Mädchen und gelegentliche jugendliche Raucher beziehen ihre Zigaretten zumeist aus sozialen Quellen, wie Eltern und (ältere) Freunde. Deutliche Preissteigerungen können jedoch dazu führen, dass diese Quellen versiegen.

Obwohl Tabakwerbung bereits weitgehend verboten ist, nutzt die Tabakindustrie verstärkt die noch nicht regulierten Bereiche – hier insbesondere die Werbung am Verkaufsort (Point of Sale) und die Zigarettenverpackung. Durch ein vollständiges Tabakwerbeverbot nehmen Jugendliche Zigaretten deutlich weniger wahr und geraten so nicht in Versuchung, diese zu probieren. Einheitsverpackungen von Zigaretten wiederum vermindern stark deren Attraktivität und lenken weniger von den aufgedruckten textlichen Warnhinweisen ab.

Die textlichen Warnhinweise sind jedoch in ihrer Wirkung begrenzt, veraltet und sprechen Jugendliche nicht an. Deutlich bessere Ergebnisse werden mit Warnhinweisen erzielt, die Text und sogenannte Schockbilder kombinieren. Durch die abschreckenden Darstellungen werden Jugendliche besser über die Gesundheitsgefahren informiert und vom Tabakkonsum abgehalten. Während ein vollständiges Werbeverbot eine sehr gute Zielgruppenansprache aufweist, kann bei den bildlichen Warnhinweisen kein signifikanter Unterschied zwischen der jugendlichen Zielgruppe und Erwachsenen festgestellt werden.

Die Einführung der bildgestützten Warnhinweise zum 20. Mai 2016 kann in seiner Wirkung auf die Jugendlichen in Deutschland derzeit noch nicht abgeschätzt werden. Dass die Tabakindustrie in erheblichem Umfang Tabakerzeugnisse vorproduziert hat, lässt jedoch die Annahme zu, dass die Tabakindustrie selbst von einer gewissen Wirkung der Schockbilder ausgeht.

Obwohl die Tabakindustrie seit geraumer Zeit selbst die Werbung auf Plakatflächen eingeschränkt hat, ist das Werbeverbot für Plakatflächen und Litfaßsäulen ab 2020 ein weiterer (kleiner) Meilenstein auf dem anzustrebenden totalen werbeverbot für Tabakprodukte. Offenbar ist jedoch die Tabaklobby immer noch sehr einflussreich, sodass mit einem Werbeverbot für die Verkaufsflächen (POS) in den nächsten Jahren nicht zu rechnen ist – das wäre ein wirklicher Meilenstein für die Tabakprävention in Deutschland.

Literaturverzeichnis

ABNR - Aktionsbündnis Nichtrauchen (2010). *Kinder und Jugendliche im Fadenkreuz der Tabakindustrie*. http://www.abnr.de/files/abnr-positionen_4_2010.pdf (06.06.2016).

Adams, M.; Effertz, T. (2011). *Die volkswirtschaftlichen Kosten des Alkohol- und Nikotinkonsums*. In: Singer, M. V.; Batra, A.; Mann, K. (Hrsg.): Alkohol und Tabak. Grundlagen und Folgeerkrankungen. Stuttgart: Thieme, S. 57–61.

Advertising Age (1999). *The Marlboro Man*. Artikel vom 29.03.1999. http://adage.com/article/special-report-the-advertising-century/marlboro-man/140170/ (06.06.2016).

Ahmad, S.; Billimek, J. (2007). *Limiting youth access to tobacco: Comparing the long-term health impacts of increasing cigarette excise taxes and raising the legal smoking age to 21 in the United States*. Health Policy, 80 (3), S. 378–391.

Auld, C. (2002). *Causal effect of early initioation on adolescent smoking patterns*. https://econ.ucalgary.ca/sites/econ.ucalgary.ca/files/u58/DP2003 02.pdf (06.06.2016).

Azagba, S.; Sharaf, M. F. (2013). *The effect of graphic cigarette warning labels on smoking behavior: evidence from the Canadian experience*. Nicotine & Tobacco Research, 15 (3), S. 708–717.

Bader, P.; Boisclair, D.; Ferrence, R. (2011). *Effects of tobacco taxation and pricing on smoking behaviour in high risk populations: a knowledge synthesis*. International Journal of Environmental Research and Public Health, 8 (11), S. 4118–4139.

Barth, J.; Bengel, J. (1998). *Prävention durch Angst?: Stand der Furchtappellforschung*. Forschung und Praxis in der Gesundheitsförderung Band 4, Köln: Bundeszentrale für Gesundheitliche Aufklärung.

Beise, U. (2013). *Prävention und Gesundheitsförderung*. In: Beise, U.; Heimes, S.; Schwarz, W. (Hrsg.): Gesundheits- und Krankheitslehre. Berlin, Heidelberg: Springer, S. 27–34.

Biener, L.; Aseltine Jr., R. H.; Cohen, B.; Anderka, M. (1998). *Reactions of adult and teenaged smokers to the Massachusetts tobacco tax*. American Journal of Public Health, 88 (9), S. 1389–1391.

Biener, L.; Siegel, M. (2001). *The role of tobacco advertising and promotion in smoking initiation.* http://cancercontrol.cancer.gov/brp/TCRB/monographs/14/m14_13.pdf (06.06.2016).

Block, T. (o. J.) *Grundzüge der Prävention.* http://www2.jura.uni-hamburg.de/instkrim/kriminologie/Mitarbeiter/Block/Pr %E4vention_Block.pdf (02.07.2015).

BMEL – Bundesministerium für Ernährung und Landwirtschaft (2015). *„Rauchen ist zweifelsfrei das größte vermeidbare Gesundheitsrisiko unserer Zeit".* http://www.bmel.de/SharedDocs/Interviews/2015/2015-06-28-SC-BILD.html (06.06.2016).

Braverman, M. T.; Aarø, L. E. (2004). *Adolescent smoking and exposure to tobacco marketing under a tobacco advertising ban: findings from 2 Norwegian national samples.* American Journal of Public Health, 94 (7), S. 1230–1238.

BMF – Bundesministerium der Finanzen (2016a). *Steuereinnahmen im Juni 2016.* Monatsbericht. http://www.bundesfinanzministerium.de/Content/DE/Monatsberichte/2016/07/Inhalte/Kapitel-4-Wirtschafts-und-Finanzlage/4-2-steuereinnahmen-juni-2016.html. (20.08.2016)

BMF – Bundesministerium der Finanzen (2016b). *Monatsbericht des BMF.* August 2016. http://www.bundesfinanzministerium.de/Content/DE/Monatsberichte/2016/08/Downloads/monatsbericht-2016-08-deutsch.pdf?__blob=publicationFile&v=4 (20.08.2016)

Bühler, A.; Metz, K.; Kröger, C. (2007). *Literaturauswertung zur Wirksamkeit von Warnhinweisen auf Zigarettenpackungen.* Reihe IFT-Berichte Band Nr. 166. München: Institut für Therapieforschung.

Canadian Cancer Society (2014). *Cigarette Package Health Warnings. International Status Report.* http://www.tobaccolabels.ca/wp/wp-content/uploads/2014/10/Cigarette-Package-Health-Warnings-International-Status-Report-English-CCS-Sept-2014.pdf (06.06.2016).

Cawley, J.; Markowitz, S.; Tauras, J. (2004). *Body Weight, Cigarette Prices, Youth Access Laws and Adolescent Smoking Initiation.* https://aea-net.org/annual_mtg_papers/2005/0107_0800_0101.pdf (02.07.2015).

Chaloupka, F. J.; Cummings, K. M.; Morley, C. P.; Horan, J. K. (2002). *Tax, price and cigarette smoking: evidence from the tobacco documents and implications für tobacco company marketing strategies.* Tobacco Control, 11 (suppl 1), S. i62–i72.

Chaloupka, F. J.; Grossmann, M. (1996). *Price, tobacco control policies and youth smoking (No. w5740).* Hrsg. durch National Bureau of Economic Research. http://www.nber.org/papers/w5740.pdf (06.06.2016).

Chaloupka; F. J.; Pacula, R. L. (1999). *The impact of price on youth tobacco use.* Changing Adolescent Smoking Prevalence: Where It Is and Why, Smoking and Tobacco Control Monograph No. 14., S. 193–200.

Chaloupka, F.J.; Wechsler, H. (1995). *Price, Tobacco Control Policies and Smoking Among Young Adults (No. W5012).* hrsg. durch National Bureau of Economic Research. http://www.impacteen.org/fjc/PublishedPapers/w5012.pdf (02.07.2015).

Chaloupka, F. J.; Yurekli, A.; Fong, G. T. (2012). *Tobacco taxes as a tobacco control strategy.* Tobacco Control, 21 (2), S. 172–180.

Davis, R. M.; Gilpin, E. A.; Loken, B.; Viswanath, K., Wakefield, M. A. (2008). *The role of the media in promoting and reducing tobacco use.* http://cancercontrol.cancer.gov/brp/tcrb/monographs/19/m19_complete.pdf (06.06.2016).

DeCicca, P.; Kenkel, D.; Mathios, A. (2002). *Putting out the fires: will higher taxes reduce the onset of youth smoking?* Journal of Political Economy, 110 (1), S. 144–169.

Die Drogenbeauftragte der Bundesregierung (2015). *Drogen- und Suchtbericht. Mai 2015.* http://www.drogenbeauftragte.de/fileadmin/dateien-dba/Service/Publikationen/2015_Drogenbericht_web_010715.pdf (06.06.2016).

DiFranza, J. R.; Wellman, R. J.; Sargent, J. D.; Weitzman, M. et al. (2006). *Tobacco promotion and the initiation of tobacco use: assessing the evidence for causality.* Pediatrics, 117 (6), S. e1237–e1248.

DIMDI – Deutsches Institut für Medizinische Dokumentation und Information (Hrsg.) (2008). *Wirksamkeit und Wirtschaftlichkeit von verhaltensbezogenen Maßnahmen zur Prävention des Zigarettenrauchens.*

Schriftenreihe Health Technology Assessment (HTA). HTA-Bericht 74. Köln.

DKFZ - Deutsches Krebsforschungszentrum (Hrsg.) (2015). *Die Kosten des Rauchens in Deutschland.* https://www.dkfz.de/de/tabakkontrolle/download/Publikationen/AdWfP/AdWfP_Die_Kosten_des_Rauchens_in_Deutschland.pdf (06.06.2016).

DKFZ - Deutsches Krebsforschungszentrum (Hrsg.) (2014a). *Tabaksteuererhöhungen und Rauchverhalten in Deutschland.* Heidelberg. https://www.dkfz.de/de/tabakkontrolle/download/Publikationen/AdWfP/AdWfdP_Tabaksteuererhoehungen_und_Rauchverhalten_in_Deutschland.pdf (06.06.2016).

DKFZ - Deutsches Krebsforschungszentrum (Hrsg.) (2014b). *Tabakprävention in Deutschland – was wirkt wirklich?* Heidelberg. http://www.dkfz.de/de/tabakkontrolle/download/Publikationen/AdWfP/AdWfP_Tabakpraevention_in_Deutschland_was_wirkt_wirklich.pdf (06.06.2016).

DKFZ - Deutsches Krebsforschungszentrum (Hrsg.) (2013). *Wirksamkeit von bildlichen Warnhinweisen auf Zigarettenverpackungen.* Heidelberg. http://www.dkfz.de/de/tabakkontrolle/download/Publikationen/AdWfP/AdWfP_Bildliche_Warnhinweise_2013.pdf?ORIG (06.06.2016).

DKFZ - Deutsches Krebsforschungszentrum (Hrsg.) (2012). *Zigarettenwerbung in Deutschland – Marketing für ein gesundheitsgefährdendes Produkt.* https://www.dkfz.de/de/tabakkontrolle/download/Publikationen/RoteReihe/Band_18_Zigarettenwerbung_in_Deutschland.pdf (06.06.2016).

DKFZ - Deutsches Krebsforschungszentrum (Hrsg.) (2011). *Perspektiven für Deutschland: Das Rahmenübereinkommen der WHO zur Eindämmung des Tabakgebrauchs. WHO Framework Convention on Tobacco Control (FCTC).* http://www.dkfz.de/de/tabakkontrolle/download/Publikationen/sonstVeroeffentlichungen/Das_Rahmenuebereinkommen_der_WHO_zur_Eindaemmung_des_Tabakgebrauchs_FCTC.pdf (06.06.2016).

DKFZ - Deutsches Krebsforschungszentrum (Hrsg.) (2010a). *Schutz der Familie vor Tabakrauch.* https://www.dkfz.de/de/tabakkontrolle/download/Publikationen/RoteReihe/Band_14_Schutz_der_Familie_vor_Tabakrauch.pdf (06.06.2016).

DKFZ - Deutsches Krebsforschungszentrum (Hrsg.) (2010b). *Standardisierte Verpackungen für Tabakprodukte: Eine Chance für die Tabakprävention.* https://www.dkfz.de/de/tabakkontrolle/download/Publikationen/AdWfP/AdWfP_Standardisierte_Verpackungen.pdf (06.06.2016).

DKFZ - Deutsches Krebsforschungszentrum (Hrsg.) (2009a). *Ein Bild sagt mehr als tausend Worte: Kombinierte Warnhinweise aus Bild und Text auf Tabakprodukten.* https://www.dkfz.de/de/tabakkontrolle/download/Publikationen/RoteReihe/Kombinierte_Warnhinweise_Band_10.pdf (06.06.2016).

DKFZ - Deutsches Krebsforschungszentrum (Hrsg.) (2009b). *Die Kosten des Rauchens für Gesundheitswesen und Volkswirtschaft in Deutschland.* https://www.dkfz.de/de/tabakkontrolle/download/Publikationen/AdWfP/AdWfP_Die_Kosten_des_Rauchens.pdf (06.06.2016).

DKFZ - Deutsches Krebsforschungszentrum (Hrsg.) (2008a). *Rauchende Kinder und Jugendliche in Deutschland – leichter Einstieg, schwerer Ausstieg.* https://www.dkfz.de/de/tabakkontrolle/download/Publikationen/RoteReihe/Rauchende_Kinder_und_Jugendliche_Band_8.pdf (06.06.2016).

DKFZ - Deutsches Krebsforschungszentrum (Hrsg.) (2008b). *Gesetzliches Verbot von Kinderzigaretten zum Schutz von Kindern und Jugendlichen erforderlich.* https://www.dkfz.de/de/tabakkontrolle/download/Publikationen/AdWfP/AdWfP_Kinderzigaretten.pdf (06.06.2016).

DKFZ - Deutsches Krebsforschungszentrum (Hrsg.) (2005a). *Auswirkungen der Tabaksteuererhöhungen 2002–2004.* https://www.dkfz.de/de/tabakkontrolle/download/Publikationen/Fakten/Factsheet_Tabaksteuererhoehungen_2002_2004.pdf (06.06.2016).

DKFZ - Deutsches Krebsforschungszentrum (Hrsg.) (2005b). *Passivrauchen – ein unterschätztes Gesundheitsrisiko.* Heidelberg.

https://www.dkfz.de/de/rauchertelefon/download/Passivrauchen_Band_5_2Auflage.pdf (06.06.2016).

DKFZ – Deutsches Krebsforschungszentrum (Hrsg.) (2003). *Der Tabakepidemie Einhalt gebieten. Regierungen und wirtschaftliche Aspekte der Tabakkontrolle.* https://www.dkfz.de/de/tabakkontrolle/download/Publikationen/sonstVeroeffentlichungen/Tabakepedemie_Einhalt_gebieten.pdf (06.06.2016).

DKFZ – Deutsches Krebsforschungszentrum (Hrsg.) (2002). *Gesundheit fördern – Tabakkonsum verringern: Handlungsempfehlungen für eine wirksame Tabakkontrollpolitik in Deutschland.* https://www.dkfz.de/de/tabakkontrolle/download/Publikationen/RoteReihe/Handlungsempfehlungen.pdf (06.06.2016).

DKFZ – Deutsches Krebsforschungszentrum (Hrsg.) (2001). *Factsheet Tabakwerbeverbot.* http://www.dkfz.de/de/tabakkontrolle/download/Publikationen/Fakten/Factsheet_Tabakwerbeverbot.pdf (06.06.2016).

Doll, R.; Peto, R.; Boreham, J.; Sutherland, I. (2004). *Mortality in relation to smoking: 50 years' observations on male British doctors.* http://www.bmj.com/content/bmj/328/7455/1519.full.pdf (06.06.2016).

Doxey, J.; Hammond, D. (2011). *Deadly in pink: the impact of cigarette packaging among young women.* Tobacco Control, 20 (5), S. 353–360.

DZV – Deutscher Zigarettenverband (2015). *Zigarettenpreise.* https://www.zigarettenverband.de/de/22/Themen/Zahlen_ %26_Fakten/Zigarettenpreise (06.06.2016).

DZV – Deutscher Zigarettenverband (o. J.). *DZV Werbekodex.* https://www.zigarettenverband.de/pos-data/page_img/Themen/Werbung/DZV_Werbekodex.pdf (06.06.2016).

Effertz, T. (2014). *Tabaksteuern – ein wirksames Präventionsinstrument.* ABNR-Postitionen 8/2014. http://www.abnr.de/files/abnr_positionen_8_web.pdf (06.06.2016).

Emery, S.; White, M. M.; Pierce, J. P. (2001). *Does cigarette price influence adolescent experimentation?.* Journal of health economics, 20 (2), S. 261–270.

Evans, N.; Farkas, A.; Gilpin, E.; Berry, C. et al. (1995). *Influence of tobacco marketing and exposure to smokers on adolescent susceptibility to smoking*. Journal of the National Cancer Institute, 87 (20), S. 1538–1545.

Farke, W.; Gaßmann, R. (2003). *Tabakkontrollpolitik in Deutschland: Gesundheitsschutz wäre machbar*. In: Deutsche Hauptstelle für Suchtfragen (Hrsg.): Jahrbuch Sucht 2003. Hamm: Neuland, S. 164–178.

Fiedler, I.; Effertz, T.; Adams, M. (2014). *Argumentationsstrategien der Tabak-, Alkohol- und Glücksspielindustrie – Zwischen Schein und Desinformation*. In: Deutsche Hauptstelle für Suchtfragen (Hrsg.): Jahrbuch Sucht 2014. Lengerich: Pabst, S. 258–266.

Fong, G. T.; Hammond, D.; Hitchman, S. C. (2009). *The impact of pictures on the effectiveness of tobacco warnings*. Bulletin of the World Health Organization, 87 (8), S. 640–643.

Gallopel-Morvan, K.; Gabriel, P.; Le Gall-Ely, M.; Rieunier, S. et al. (2009). *The use of visual warnings in social marketing: The case of tobacco*. Journal of Business Research, 64 (1), S. 7–11.

Gallus, S.; Tramacere, I.; Zuccaro, P.; Colombo, P. et al. (2008). *Tobacco sales to minors in Italy*. Tumori, 95 (3), S. 283–285.

Geckova, A.; Dijk, J. P. van; van Ittersum-Gritter, T.; Groothoff, J. W. et al. (2002). *Determinants of adolescents´smoking behaviour: a literature review*. Central European Journal of public health, 10 (3), S. 79–87.

Goodall, C.; Appiah, O. (2008). *Adolescents' perceptions of Canadian cigarette package warning labels: investigating the effects of message framing*. Health communication, 23 (2), S. 117–127.

Guindon, G. E.; Tobin, S.; Yach, D. (2002). *Trends and affordability of cigarette prices: ample room for tax increases and related health gains*. Tobacco Control, 11 (1), S. 35–43.

Hafez, N., Ling, P. M. (2005). *How Philip Morris built Marlboro into a global brand for young adults: implications for international tobacco control*. Tobacco control, 14 (4), S. 262–271.

Hammond, D. (2011). *Health warning messages on tobacco products: a review*. Tobacco Control, 20 (5), S. 327–337.

Hammond, D. (2009). *Tobacco labeling and packaging toolkit. A guide to FCTC Article 11*. http://www.tobaccolabels.ca/wp/wp-content/uploads/2013/11/IUATLD-Toolkit-Chapter-1-Feb-2009.pdf (06.06.2016).

Hammond, D.; Fong, G. T.; Borland, R.; Cummings, K. M. et al. (2007). *Text and graphic warnings on cigarette packages: findings from the international tobacco control four country study*. American journal of preventive medicine, 32 (3), S. 202–209.

Hammond, D.; Fong, G. T.; McDonald, P. W.; Brown, K. S. et al. (2004). *Graphic Canadian Cigarette Warning Labels and Adverse Outcomes: Evidence from Canadian Smokers*. American Journal of Public Health, 94 (8), S. 1442–1445.

Hammond, D.; Thrasher, J.; Reid, J. L.; Driezen, P. et al. (2012). *Perceived effectiveness of pictorial health warnings among Mexican youth and adults: a population-level intervention with potential to reduce tobacco-related inequities*. Cancer Causes & Control, 23 (1), S. 57–67.

Hanewinkel, R. (2010). *Wie wirkt Suchtmittelwerbung auf Jugendliche?* Kinder- und Jugendschutz in Wissenschaft und Praxis, 55 (3), S. 89–92.

Hanewinkel, R. (2007). *Rauchen in Film und Fernsehen. Verbreitung und Einfluss auf das Rauchverhalten Jugendlicher*. Kiel: Institut für Therapie- und Gesundheitsforschung.

Hanewinkel, R.; Isensee, B.; Sargent, J. D.; Morgenstern, M. (2011). *Cigartette advertising and teen smoking initiation*. Pediatrics, 127 (2), S. e271–e278.

Hanewinkel, R.; Isensee, B.; Sargent, J. D.; Morgenstern, M. (2010). *Cigarette advertising and adolescent smoking*. American journal of preventive medicine, 38 (4), S. 359–366.

Hanewinkel, R.; Morgenstern, M. (2013). *Prävention in Deutschland: Was wir haben, was wir brauchen*. In: Deutsche Hauptstelle für Suchtfragen (Hrsg.): Jahrbuch Sucht 2013. Lengerich: Pabst, S. 252–258.

Hanewinkel, R.; Pohl, J. (2001). *Auswirkungen eines totalen Werbeverbots für Tabakprodukte – ein Diskussionsbeitrag*. Sucht, 47 (2), S. 104–113.

Hanewinkel, R.; Sargent, J. D. (2007). *Exposure to smoking in popular contempory movies and youth smoking in Germany*. American Journal of Preventive Medicine, 32 (6), S. 466–473.

Harris, J. E.; Chan, S. W. (1999). *The continuum-of-addiction: cigarette smoking in relation to price among Americans aged 15–29*. Health Economics, 8 (1), S. 81–86.

Henriksen, L.; Feighery, E. C.; Wang, Y.; Fortmann, S. P. (2004). *Association of retail tobacco marketing with adolescent smoking*. American Journal of Public Health, 94 (12), S. 2081–2083.

Horn, W.-R. (2004). *Tabakprävention in der pädiatrischen Praxis. „Rauchen ist doch cool" – Jugendliche und Tabak*. Kinder- und Jugendarzt, 35 (4), S.267–275.

Hublet, A.; Schmid, H.; Clays, E.; Godeau, E. et al. (2009). *Association between tobacco control policies and smoking behaviour among adolescents in 29 European contries*. Addiction, 104 (11), S. 1918–1926.

Hulit, M. (1994). *Marketing issues. Corporate affairs conference*. https://industrydocuments.library.ucsf.edu/tobacco/docs/#id=qsbd0116 (06.06.2016).

IARC – International Agency for Research on Cancer (Hrsg.) (2011). *Effectiveness of tax and price policies in tobacco control*. Vol. 14, IARC Handbooks of Cancer Prevention. Lyon.

IARC – International Agency for Research on Cancer (Hrsg.) (2004). *IARC Monographs on the Evaluation of the Carcinogenic Risks to Humans. Tobacco Smoke and Involuntary Smoking*. http://monographs.iarc.fr/ENG/Monographs/vol83/mono83-1.pdf (06.06.2016).

Imperial Tobacco (2014). *The Evidence is Plain. The ineffectiveness of standardised packaging for public health. A response to the Chantler Review on standardised packaging of tobacco products*. http://www.imperial-tobacco.com/assets/files/cms/The_Evidence_is_Plain.pdf (09.07.2015).

Institute für Global Tobacco Control (2013). *State of Evidence Review: Health Warning Labels on Tobacco Products*. Baltimore: Johns Hopkins Bloomberg School for Public Health.

ITC – International Tobacco Control Policy Evaluation Project (2012). *Health Warnings on Tobacco Packages: ITC Cross-Country Comparison Report*. http://www.itcproject.org/files/ITC_Cross-Country_Report_-_Warning_Labels-Final.pdf (06.06.2016).

Isensee, B.; Hanewinkel, R. (2004). *Evaluation der Tabaksteuererhöhung vom 1. Januar 2003*. Bundesgesundheitsblatt-Gesundheitsforschung-Gesundheitsschutz, 47 (8), S. 771–779.

Jazbinsek, D. (2014). *Die Be Marlboro-Kampagne von Philip Morris und ihre Wirkung auf Jugendliche.* In: Deutsche Hauptstelle für Suchtfragen (Hrsg.): Jahrbuch Sucht 2014. Lengerich: Pabst, S. 269–279.

Joossens, L.; Raw, M. (2014). *The Tobacco Control Scale 2013 in Europe.* http://www.europeancancerleagues.org/images/TobaccoControl/TCS_2013_in_Europe_13-03-14_final_1.pdf (06.06.2016).

Kendler, K. S.; Myers, J.; Damaj, M. I.; Chen, X. (2013). *Early smoking onset and risk for subsequent nicotine dependence: amonozygotic co-twin control study.* The American Journal of Psychiatry, 170 (4), S. 408–413.

Kyriss, T.; Pötschke-Langer, M.; Grüning, T. (2008). *Der Verband der Cigarettenindustrie – Verhinderung wirksamer Tabakkontrollpolitik in Deutschland.* Bundesgesundheitsblatt-Gesundheitsforschung-Gesundheitsschutz, 52 (2), S. 315–324.

Lampert, T. (2011). *Rauchen – Aktuelle Entwicklungen bei Erwachsenen.* http://www.rki.de/DE/Content/Gesundheitsmonitoring/Gesundheitsberichterstattung/GBEDownloadsK/2011_4_Rauchen.pdf?__blob=publicationFile (06.06.2016).

Lampert, T. (2010). *Soziale Determinanten des Tabakkonsums bei Erwachsenen in Deutschland.* Bundesgesundheitsblatt-Gesundheitsforschung-Gesundheitsschutz, 53 (2), S. 108–116.

Lampert, T. (2008). *Tabakkonsum und Passivrauchbelastung von Jugendlichen – Ergebnisse des Kinder- und Jugendgesundheitssurveys (KiGGS).* Deutsches Ärzteblatt, 105 (15), S. 265–271.

Lampert, T.; Burger, M. (2005). *Verbreitung und Strukturen des Tabakkonsums in Deutschland.* Bundesgesundheitsblatt – Gesundheitsforschung – Gesundheitsschutz, 48 (11), S. 1231–1241.

Lampert, T.; Kuntz, B. (2015a). *Tabak – Zahlen und Fakten zum Konsum.* In: Deutsche Hauptstelle für Suchtfragen (Hrsg.): Jahrbuch Sucht 2015. Lengerich: Pabst, S. 72–101.

Lampert, T.; Kuntz, B. (2015b). *Gesund aufwachsen – Welche Bedeutung kommt dem sozialen Status zu?* http://edoc.rki.de/series/gbe-kompakt/2015-1/PDF/1.pdf (06.06.2016).

Lampert, T.; Kuntz, B. (2014). *Tabak- und Alkoholkonsum bei 11- bis 17-jährigen Jugendlichen. Ergebnisse der KiGGS-Studie – Erste Folgebefragung (KiGGS Welle 1).* Bundesgesundheitsblatt – Gesundheitsforschung – Gesundheitsschutz, 57 (7), S. 830–839.

Lampert, T.; List, S. M. (2010). *Gesundheitsrisiko Passivrauchen.* http://www.rki.de/DE/Content/Gesundheitsmonitoring/Gesundheitsberichterstattung/GBEDownloadsK/2010_3_Gesundheitsrisiko_Passivrauchen.pdf?__blob=publicationFile (06.06.2016).

Lampert, T.; Thamm, M. (2007). *Tabak-, Alkohol- und Drogenkonsum von Jugendlichen in Deutschland.* Ergebnisse des Kinder- und Jugendgesundheitssurveys (KiGGS). Bundesgesundheitsblatt - Gesundheitsforschung - Gesundheitsschutz, 50 (5-6), S. 600–608.

Lampert, T.; Thamm, M. (2004). *Soziale Ungleichheit des Rauchverhaltens in Deutschland.* Bundesgesundheitsblatt - Gesundheitsforschung - Gesundheitsschutz, 47 (11), S. 1033–1042.

Lanza, H. I.; Grella, C. E.; Chung, P. J. (2014). *Does Adolescent Weight Status Predict Problematic Substance Use Patterns?* American journal of health behaviour, 38 (5), S. 708–716.

Lovato, C.; Watts, A.; Stead, L. F. (2011). *Impacts of tobacco advertising and promotion on increasing adolescent smoking behaviours.* http://www.bibliotecacochrane.com/PDF/CD003439.pdf (02.07.2015).

McCool, J.; Webb, L.; Cameron, L. D.; Hoek, J. (2012). *Graphic warning labels on plain cigarette packs: Will they make a difference to adolescents?.* Social Science & Medicine, 74 (8), S. 1269–1273.

McNeill, A.; Lewis, S.; Quinn, C.; Mulcahy, M. et al. (2011). *Evaluation of the removal of point-of-sale tobacco displays in Ireland.* Tobacco Control, 20 (2), S. 137–143.

Meier, K. J.; Licari, M. J. (1997). *The effect of cigarette taxes on cigarette consumption, 1995 through 1994.* American Journal of Public Health, 87 (7), S. 1126–1130.

Mons, U. (2011). *Tabakattributable Mortalität in Deutschland und in den deutschen Bundesländern – Berechnungen mit Daten des Mikrozensus und der Todesursachenstatistik.* Das Gesundheitswesen, 73 (4), S. 238–246.

Mons, U.; Pötschke-Langer, M. (2010). *Gesetzliche Maßnahmen zur Tabakprävention.* Bundesgesundheitsblatt – Gesundheitsforschung – Gesundheitsschutz, 53 (2), S. 144–151.

Moodie, C.; MacKintosh, A. M.; Hammond, D. (2009). *Adolescents' response to text-only tobacco health warnings: results from the 2008 UK Youth To-*

bacco Policy Survey. The European Journal of Public Health, 20 (4). S. 463–469.

Moodie, C.; Mackintosh, A. M.; Hastings, G. (2013). *Adolescents' response to pictorial warnings on the reverse panel of cigarette packs: a repeat cross-sectional study*. Tobacco control, 24 (e1), S. e93–e97.

Morgenstern, M.; Wiborg, G.; Hanewinkel, R. (2007). *Rauchen im Jugendalter: Geschlechtsunterschiede, Rolle des sozialen Umfelds, Zusammenhänge mit anderen Risikoverhaltensweisen und Motivation zum Rauchstopp. Ergebnisse einer Schülerbefragung*. Kiel: Institut für Therapie- und Gesundheitsforschung.

Müller-Riemenschneider, F.; Rasch, A.; Bockelbring, A.; Vauth, C. et al. (2008). *Wirksamkeit und Wirtschaftlichkeit von verhaltensbezogenen Maßnahmen zur Prävention des Zigarettenrauchens*. Schriftenreihe Health Technology Assessment (HTA), Band 74, 1. Auflage, Köln: Deutsches Institut für Medizinische Dokumentation und Information (DIMDI).

Noar, S. M.; Hall, M. G.; Francis, D. B.; Ribisl, K. M. et al. (2015). *Pictorial cigarette pack warnings: a meta-analysis of experimental studies*. http://tobaccocontrol.bmj.com/content/early/2015/05/03/tobaccocontrol-2014-051978.full.pdf (06.06.2016).

Olbrich, R. (2009). *Marketing: Eine Einführung in die marktorientierte Unternehmensführung*. 2. Auflage, Berlin: Springer, S. 175–180.

Orth, B.; Töppich, J. (2015). *Rauchen bei Jugendlichen und jungen Erwachsenen in Deutschland 2014. Ergebnisse einer aktuellen Repräsentativbefragung und Trends*. http://www.bzga.de/pdf.php?id=d0567147fc3720bd0318b0792a9b45c5 (06.06.2016).

Paynter, J.; Edwards, R.; Schluter, P. J.; McDuff, I. (2009). *Point of sale tobacco displays and smoking among 14–15 years old in New Zealand: a cross-sectional study*. Tobacco Control, 18 (4), S. 268–274.

Pechmann, C.; Levine, L.; Loughlin, S.; Leslie, F. (2005). *Impulsive and Self-Conscious: Adolescents' Vulnerability to Advertising and Promotion*. Journal of Public Policy & Marketing, 24 (2), S. 202–221.

Peters, E.; Romer, D.; Slovic, P.; Jamieson, K. H. et al. (2007). *The impact and acceptability of Canadian-style cigarette warning labels among US smokers and nonsmokers*. Nicotine & Tobacco Research, 9 (4), S. 473–481.

Pierce, J. P.; White, V. M.; Emery, S. L. (2011). *What public health strategies are needed to reduce smoking initiation?* Tobacco control, 21 (2), S. 258–264.

Piontek, D.; Bühler, A.; Kröger, C. (2007). *Schulische Tabakprävention.* Prävention und Gesundheitsförderung, 2 (2), S. 129–135.

Plamper, E.; Deichert, G. K.; Lauterbach, K. W. (2006). *Auswirkungen der Tabaksteuererhöhungen in Deutschland auf den Tabakkonsum und Konsequenzen für die Gesundheitspolitik.* Bundesgesundheitsblatt - Gesundheitsforschung - Gesundheitsschutz, 49 (7), S. 660–664.

Pötschke-Langer, M.; Schulze, A. (2005). *Warnhinweise auf Zigarettenschachteln.* Bundesgesundheitsblatt - Gesundheitsforschung - Gesundheitsschutz, 48 (4), S. 464–468.

RKI - Robert Koch-Institut (Hrsg.) (2014). *Studie zur Gesundheit von Kindern und Jugendlichen in Deutschland: Wichtige Ergebnisse der ersten Folgebefragung (KiGGS Welle 1).* http://www.kiggs-studie.de/fileadmin/KiGGS-Dokumente/KiGGS1_Zusammenfassung_20140623.pdf (20.09.2016).

RKI - Robert Koch-Institut; BZgA - Bundeszentrale für gesundheitliche Aufklärung (Hrsg.) (2008). *Erkennen - Bewerten - Handeln: Zur Gesundheit von Kindern und Jugendlichen in Deutschland.* Berlin/Köln: RKI.

Ross, H.; Powell, L. M.; Tauras, J. A.; Chaloupka, F. J. (2003). *New Evidence on Youth Smoking Behaviour Based on Experimental Price Increases.* http://www.researchgate.net/profile/Hana_Ross/publication/5209477_New_Evidence_on_Youth_Smoking_Behavior_based_on_Experimental_Price_Increases/links/02e7e51fcf4be76571000000.pdf (06.06.2016).

Ruiter, R. A.; Kok, G. (2005). *Saying is not (always) doing: cigarette warning labels are useless.* The European Journal of Public Health, 15 (3), S. 329.

Sabbah, H.; Vereecken, C.; Abdeen, Z.; Coats, E. et al. (2009). *Associations of overweight and of weight dissatisfaction among Palestinian adolescents: findings from the national study of Palestinian schoolchildren (HBSC-WBG2004).* Journal of Human Nutrition and Dietetics, 22 (1), S. 40–49.

Saffer, H.; Chaloupka, F. (2000). *The effect of tobacco advertising bans on tobacco consumtion.* Journal of health economics, 19 (6), S. 1117–1137.

Schaller, K.; Pötschke-Langer, M. (2012). *Tabakkontrolle in Deutschland und weltweit.* Der Pneumologe, 9 (3), S. 197–202.

Schneider, S.; Gadinger, M.; Fischer, A. (2012). *Does the effect go up in smoke? A randomized controlled trial of pictorial warnings on cigarette packaging.* Patient education and counseling, 86 (1), S. 77–83.

Settertobulte, W. (2007). *Warum rauchen Jugendliche?* Kinder und Jugendschutz in Wissenschaft und Praxis, 52 (3), S. 63–65.

Shadel, W. G.; Tharp-Taylor, S.; Fryer, C. S. (2008). *Exposure to cigarette advertising and adolescents´intentions to smoke: The moderating role oft he developing self-concept.* Journal of pediatric psychology, 33 (7), S. 751–760.

Siegel, M.; Nelson, D. E.; Peddicord, J. P.; Merritt, R. K. et al. (1996). *The extent of cigarette brand and company switching: results from the Adult Use-of-Tobacco Survey.* American journal of preventive medicine, 12 (1), S. 14–16.

Statistisches Bundesamt (Hrsg.) (2015). *Finanzen und Steuern. Absatz von Tabakwaren 2014.* https://www.destatis.de/DE/Publikationen/Thematisch/FinanzenSteuern/Steuern/Verbrauchsteuer/AbsatzTabakJ2140911147004.pdf?__blob=publicationFile (06.06.2016).

Strahan, E. J.; White, K.; Fong, G. T.; Fabrigar, L. R. et al. (2002). *Enhancing the effectiveness of tobacco package warning labels: a social psychological perspective.* Tobacco control, 11 (3), S. 183–190.

Strauss, R. S.; Mir, H. M. (2001). *Smoking an weight loss attemps in overweight an normal-weight adolescents. International journal of obesity and related metabolic disorders.* Journal of the Internation Association for the Study of Obesity, 25 (9), S. 1381–1385.

TMA – Tobacco Manufacturers´Association (2015). *Cigarette prices across Europe.* http://www.the-tma.org.uk/wp-content/uploads/2015/05/AIT_EU_MAP_PREMIUM_CIGARETTES_MARCH_2015_b.jpg (06.06.2016).

Townsend, J.; Roderick, P.; Cooper, J. (1994). *Cigarette smoking by socioeconomic group, sex, and age: effects of price, income, and health publicity.* http://www.ncbi.nlm.nih.gov/pmc/articles/PMC2541176/pdf/bmj00460-0039.pdf (06.06.2016).

USDHHS - U.S. Department of Health and Human Services (Hrsg.) (2012). *Preventing Tobacco Use Among Youth and Young Adults. A Report of the Surgeon General.* http://www.surgeongeneral.gov/library/reports/preventing-youth-tobacco-use/full-report.pdf (06.06.2016).

USDHHS - U.S. Department of Health and Human Services (Hrsg.) (2006). *The Health Consequences of Involuntary Exposure to Tobacco Smoke: A Report of the Surgeon General.* http://www.surgeongeneral.gov/library/reports/secondhandsmoke/fullreport.pdf (06.06.2016).

Vardavas, C. I.; Connolly, G.; Karamanolis, K.; Kafatos, A. (2009). *Adolescents perceived effectiveness of the proposed European graphic tobacco warning labels.* The European Journal of Public Health, 19 (2), S. 212–219.

Walbeek, C. van (2003). *Tobacco Excise Taxation in South Africa.* http://www.who.int/tobacco/training/en/bestpracticetobaccoexcisetaxationsouthafrica.pdf?ua=1 (06.06.2016).

Wakefield, M.; Germain, D.; Durkin, S.; Henriksen, L. (2006). *An experimental study of effects on schoolchildren of exposure to point-of-sale cigarette advertising and pack displays.* Health Education Research, 21 (3), S. 338–347.

Wang, A. L.; Lowen, S. B.; Romer, D.; Giorno, M. et al. (2015). *Emotional reaction facilitates the brain and behavioural impact of graphic cigarette warning labels in smokers.* Tobacco control, 24 (3), S. 225–232.

Wardle, H.; Pickup, D.; Lee, L.; Hall, J. et al. (2010). *Evaluating the impact of Picture Health Warnings on Cigarette Packets. PHRC Short Report 12.* http://phrc.lshtm.ac.uk/papers/PHRC_A6-08_Short_Report.pdf (06.06.2016)

White, V.; Bariola, E.; Faulkner, A.; Coomber, K. et al. (2014). *Graphic Health Warnings on Cigarette Packs: How Long Before The Effects on Adolescents Wear Out?* Nicotine & Tobacco Research, 17 (7), S. 776–783.

White, V.; Webster, B.; Wakefield, M. (2008). *Do graphic health warning labels have an impact on adolescents' smoking-related beliefs and behaviours?* Addiction, 103 (9), S. 1562–1571.

Witte, K.; Allen, M. (2000). *A meta-analysis of fear appeals: Implications for effective public health campaigns.* Health Education & Behavior, 27 (5), S. 591–615.

WHO - World Health Organization. (2013). *WHO report on the global tobacco epidemic, 2013. Enforcing bans on tobacco advertising, promotion and sponsorship.* http://apps.who.int/iris/bitstream/10665/85380/1/9789241505871_eng.pdf?ua=1 (06.06.2016).

WHO - World Health Organization (Hrsg.) (2012). *Social determinants of health an well-being among young people.* http://www.euro.who.int/__data/assets/pdf_file/0003/163857/Social-determinants-of-health-and-well-being-among-young-people.pdf?ua=1 (06.06.2016).

WHO - World Health Organization (Hrsg.) (2011). *WHO report on the global tobacco epidemic, 2011. Warning about the dangers of tobacco.* http://www.who.int/tobacco/global_report/2011/en/ (06.06.2016).

Zhang, B.; Cohen, J.; Ferrence, R.; Rehm, J. (2006). *The impact of tobacco tax cuts on smoking initiation among Canadian young adults.* American journal of preventive medicine, 30 (6), S. 474–479.

Abkürzungsverzeichnis

BMI	Body-Mass-Index
BZgA	Bundeszentrale für gesundheitliche Aufklärung
DKFZ	Deutsches Krebsforschungszentrum
DIMDI	Deutsches Institut für Medizinische Dokumentation und Information
FSK	Freiwille Selbstkontrolle der Filmwirtschaft
HBSC	Health Behaviour in School-aged Children
IARC	International Agency for Research on Cancer
ITC	International Tobacco Control Policy Evaluation Project
JuSchG	Jugendschutzgesetz
KiGGS	Kinder- und Jugendgesundheitssurvey
POS	Point of Sale
USDHHS	U.S. Department of Health and Human Services

Abbildungsverzeichnis

Tabellenverzeichnis

Sachwortverzeichnis

Über den Autor

Matthias Godehardt (geb. 1972) studiert nach seiner Ausbildung zum Maschinen- und Anlagenmonteur, dem Abitur und dem Wehrdienst Rechtswissenschaften und Informatik. Im Jahr 2001 bricht er sein Studium nach sieben Jahren ohne Abschluss ab, um aus dem studentischen Nebenjob bei einer großen Berliner Anzeigenzeitung einen Vollzeitjob zu machen. Nach fünf Jahren erfolgt der Wechsel in den Beruf als Servicetechniker beim größten deutschen Apple-Vertragshändler. Trotz Erfolg und Spaß im Beruf beschäftigt Matthias Godehardt das nicht abgeschlossene Studium. Im Oktober 2015 schließt er mit dem B. A. Gesundheitsökonomie ab. Bereits im November 2015 nimmt er das Masterstudium im gleichen Fach auf. Im März 2016 zahlt sich das Studium für ihn aus – er wird Verwaltungsleiter mehrerer Rehazentren am östlichen Stadtrand Berlins.